참 쉬운

하루
그림 이디엄

②

Contents

1권에 이어서...

1 동물과 이디엄의 만남
늑대가 나타났다로 영원히 회자되는 양치기소년

2 단어로 연상되는 이디엄
하수구에 빠지면 어쩔 수 없이 안녕...

Contents

3 사랑할 때의 이디엄
사랑 때문에 심장이 쭈그러드는 기분

4 사고를 표현하는 이디엄
머릿속에서 미끄럼 타고 빠져나간 기억

5 비유로 태어난 이디엄
물 밖으로 나온 물고기처럼 어색한 기분

Contents

6 이야기가 있는 이디엄 그들이 내 천둥을 훔쳤다!

7 회화에서 자주 쓰는 이디엄 모른다고 때리면 어떡해요?

Contents

8 말 그대로 이해하는 이디엄 가장 확실한 것에 인생 베팅!

 INDEX 색인

Features

본 횟수 체크

일련번호

원어민이 자주 쓰는 생활 이디엄

재미있는 삽화

이해를 돕는 쉬운 설명

이디엄을 이용한 대화

목차

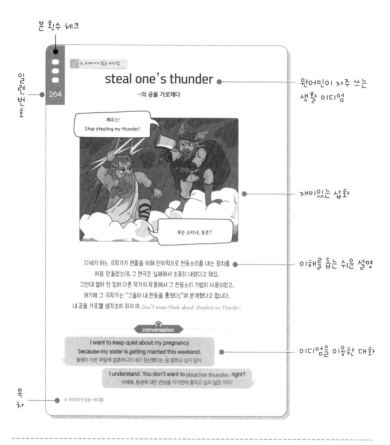

이디엄을 이용한 대화conversation는 원어민 음성 MP3파일이 제공됩니다. 🎧

랜덤으로 제공되는 저자의 음성 강의도 함께 들을 수 있습니다.

① **PC** www.global21.co.kr [학습자료실]에서 다운로드

② **휴대폰** 앱으로 왼쪽의 QR코드를 찍으세요.

(다운로드 및 실시간 재생 시 데이터 사용에 주의하세요. Wi-Fi 환경 권장)

일러두기

▶ 본 책은 1권과 2권으로 구성되며 총 340개의 이디엄이 수록되어 있습니다.

▶ 표제어의 특성상 이디엄 속 소유격은 one's, 목적격은 one으로 대표하였습니다.

▶ 각 권 끝에는 본 책에 수록된 이디엄이 알파벳순으로 정리되어 있습니다.

▶ MP3파일로 제공되는 대화conversation 속 남자는 호주인, 여자는 미국인입니다.

▶ www.global21.co.kr [학습자료실]에서 본 책의 원어민 음성 및 저자 강의 MP3 와 연습문제 PDF 파일을 다운받을 수 있습니다.

cry wolf

괜한 일로 소란을 피우다

늑대가 나타났다! 양치기 소년이 거짓으로 도움을 요청하는 이솝 우화 아시죠?
장난으로 도와달라고 소란을 피워서 정작 도움이 필요한 때에는 도움을 받지 못하게 되죠.
cry는 '울다'라기 보다는 '소리치다'에 가까워요. 비슷한 표현으로 make a fuss가 있어요.
호들갑 떨지 마. Don't make a fuss out of it.
그는 그냥 호들갑을 떠는 거야. He's just crying wolf.

conversation

Mom! Come here, please. I got hurt.
엄마! 여기 와보세요. 저 다쳤어요.

Oh, it's nothing. Just a little paper cut. Don't cry wolf.
별거 아니야. 종이에 조금 베인 걸. 호들갑 떨지 마라.

the hair of the dog

해장술

the hair of the dog that bit me

'나를 문 개의 털'을 줄여서 쓰는 말인데요.

개에게 물렸을 때 그 개의 털을 상처에 대면 그 상처가 아문다는 믿음이 있었대요.

요즘에는 술 마시고 그다음 날 마시는 해장술을 뜻하게 되었어요.

해장술 한잔 할래? Do you want to have the hair of the dog?

I think I had too much to drink last night. My head hurts.
어젯밤에 술을 너무 많이 마셨나봐. 머리가 아파.

Here! It's the hair of the dog! You'll feel better.
여기! 해장술이야! 좀 나아질 거야.

all bark and no bite

입만 살아 있는 사람

겁 많은 강아지는 뒷걸음질하면서 짖기만 하잖아요?

짖기만 하고 물지는 않는 것이니까 사람으로 치면

말로는 큰소리치지만 실제 행동으로 옮기지 않는 모습이 돼요.

우리말로 '입만 살았다'라고 하죠?

앞에 be동사를 씁니다.

conversation

When I become a millionaire,
I will buy a boat and travel around the world.
내가 백만장자가 되면 배를 한 척 사서 세계여행을 할 거야.

You're all bark and no bite. Find a decent job first.
넌 입만 살았구나. 괜찮은 직장부터 찾아봐.

wag the dog

일의 경중이 뒤바뀌다

The tail wags the dog. 개의 몸통이 꼬리를 흔드는 게 맞는데,
꼬리가 오히려 몸통을 흔드는 건 주객이 전도된 거예요.
부차적인 것 때문에 정작 중요한 일에 관심을 쓰지 못할 때 써요.
정치적으로 중요한 사안이 발생했을 때
다른 특종으로 국민의 관심을 다른 데 돌리는 모습을 이렇게 표현해요.

 conversation

Why is such a small issue getting so much attention on the news?
왜 이렇게 사소한 일이 뉴스에서 주목받는 거지?

It's the tail wagging the dog.
주객이 전도된 거지.

rain cats and dogs

비가 억수 같이 오다

비가 많이 오면 지붕 밑에 살던 개와 고양이가
땅으로 내려온다는 데서 비롯되었다는 설과
17세기 영국에 폭우가 쏟아졌을 때 강에 개와 고양이들이
떠내려갔다는 데서 비롯되었다는 설이 있어요.
'마구 쏟아지다'라는 뜻의 pour를 써서 It's pouring down with rain.이라고 해도 돼요.

conversation

I have to hit the road now.
이제 출발해야 해.

Drive safely. It's raining cats and dogs.
운전 조심해. 비가 억수 같이 오고 있어.

let the cat out of the bag

비밀을 누설하다

spill the beans와 같은 뜻이에요.

이 표현의 유래에 대해서는 여러 가지 설이 분분해요.

확실한 것은 가방에 한번 들어갔다 나온 고양이를

그 가방에 다시 들어가도록 하는 일이 쉽지 않다는 거예요.

말이라는 것도 그렇지요. 남의 비밀을 한번 내뱉으면 다시 담을 수 없어요.

conversation

Remember, it's a secret that I'm pregnant.
Don't let the cat out of the bag.
내가 임신한 것은 비밀이라는 걸 기억해. 비밀을 누설하지 마.

No worries. My lips are sealed.
걱정 마. 입에 지퍼 채웠어.

rat on

~를 고자질하다

Which one of you ratted on me?

누가 나를 쥐(rat)라고 부르면 기분이 좋지는 않겠죠?

쥐새끼 같이 비열하게 고자질하는 사람이라는 뜻이거든요.

그는 비열한 놈이야. He's a rat.

동사로 rat은 '고자질하다'라는 뜻이고, 비슷한 말로는 tell on, snitch on이 있어요.

네가 나를 일러바쳤어? Did you rat on me?

I snuck out of the house last night and came home after midnight.
My little sister ratted on me to my parents.

어젯밤에 몰래 나와서 자정 넘어서 들어갔거든. 여동생이 부모님한테 고자질했어.

Oh, no! Why did she do that?

이런! 걔는 왜 그랬대?

go belly-up
망하다

물고기가 죽으면 배(belly)를 뒤집고 수면에 둥둥 뜨게 돼요.
이 말을 조직이나 사업에 비유하면 재정적으로 파산한다는 뜻이에요.
같은 표현으로 go bankrupt가 있어요.
그 회사는 부도났어. The company went belly-up.

conversation

Look at the gas price! It's never been so cheap like this.
기름 값 좀 봐! 이렇게 싼 적이 없었어.

We shouldn't be too happy about it.
Lots of oil companies are going belly-up these days.
좋아할 수만은 없어. 많은 석유회사들이 부도가 나고 있거든.

flip the bird

손가락 욕을 하다

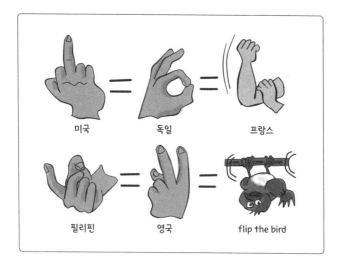

bird는 보통 새를 의미하지만, 그 외에도 가운뎃손가락을 세워
상대에게 보이는 모욕적 행위를 의미하기도 해요.
flip은 '손가락으로 던지다, 가볍게 튀기다'의 뜻이 있고요.
정리하면 flip the bird는 손가락 욕을 한다는 의미가 돼요.
세계 각국에서 욕이 될 수 있는 손짓은 미리 알아두고 조심하세요.

Look at this photo. Do you see what Jake is doing?
이 사진 좀 봐. Jack이 뭐 하는지 보여?

Oh, my! He's flipping the bird at the camera!
이런! 카메라에 손가락 욕을 하고 있네!

1. 동물과 이디엄의 만남

go cold turkey

(중독성 물질을) 단번에 끊다

술, 담배 등의 중독성 물질을 조금씩 줄이면서 끊는 것이 아니라
단번에 끊어버릴 때 쓰는 표현이에요.
이런 몸 상태를 냉장고 안의 차갑고 창백한 칠면조 고기에 비유한 것이죠.
나 담배 한 번에 끊을 거야. I will quit smoking cold turkey.
끊는 대상을 밝히려면 뒤에 from을 써서 말하기도 해요.

conversation

Mike looks much better these days.
요즘 Mike가 훨씬 좋아 보이네.

I know why. He went cold turkey from alcohol a few months ago.
나 왜 그런지 알아. 몇 달 전에 술을 완전히 끊었거든.

chicken out

(겁나서) 꽁무니를 빼다

용기 없는 사람에게 겁쟁이라고 할 때 You're a chicken.이라고 말해요.
예를 들어, 번지점프를 하러 가서 겁이 나서 꽁무니를 빼는 사람에게
겁쟁이처럼 굴지 말라는 의미로 Don't be a chicken.이라고 말할 수 있어요.
chicken을 동사로 out과 함께 말하면
닭이 꽁무니를 빼고 달아나듯 도망치는 모습이에요.

conversation

Let's go talk to the professor. But, why isn't Jacob here?
교수님하고 이야기하러 가자. 그런데 Jacob은 왜 없지?

He decided not to come. He chickened out at the last moment!
그는 안 오기로 했어. 마지막 순간에 꽁무니를 뺀 거지!

pig out

게걸스럽게 먹다

더럽고 탐욕스럽게 먹어 젖힐 때 돼지처럼 먹는다고 하는데,

돼지처럼 억울한 동물도 드물 것 같아요.

사실 돼지는 지능도 높고 매우 깨끗한 동물인데 말이죠.

먹는 음식을 말하고 싶으면 뒤에 on을 붙여요.

나 정크푸드를 엄청 먹었어. I pigged out on junk food.

conversation

Where did you go for dinner last night?
어젯밤에 어디로 저녁 먹으러 갔니?

We went to a Chinese buffet. I pigged out on everything there.
중국음식 뷔페에 갔었어. 거기 있는 모든 음식을 엄청 먹었지.

when pigs fly

해가 서쪽에서 뜬다면

다소 오래된 표현이지만, 재미있는 표현이죠?

스코틀랜드의 옛 속담에서 나온 말이라고 해요.

루이스 캐럴의 〈이상한 나라의 앨리스〉에도 비슷한 표현이 나온대요.

그런 일은 없겠지만 혹시나 일어나면 그건 돼지가 날아다닐 일이라는 거예요.

우리도 절대로 일어날 수 없는 희한한 일에 대해 '해가 서쪽에서 뜰 일'이라고 하죠.

Do you think our boss will pay for the dinner tonight?
사장님이 오늘 밤 회식비를 낼 것 같아?

Yeah, right! He will pay when pigs fly.
퍽이나! 해가 서쪽에서 뜬다면 내겠지.

1. 동물과 이디엄의 만남

hit the bull's-eye

적중하다

과녁판의 중심이 검고 둥근 소의 눈과 닮아서 그걸 bull's-eye라고 한대요.
과녁의 중심을 맞히는 것이니까 예측이 딱 맞아떨어졌을 때 쓰는 표현이에요.
당신 말이 맞다고 할 때 You're right.이라고만 말하지 말고,
You hit the bull's-eye.라고도 말해보세요.
나의 예측이 적중했어. My prediction hit the bull's-eye.

Your idea to buy some nice tea for my mom hit the bull's-eye.
She really loved it.
우리 엄마한테 좋은 차를 사드리라는 네 생각이 적중했어. 엄마가 정말 좋아하시더라.

I'm glad she liked it.
맘에 드셨다니 기쁘네.

1. 동물과 이디엄의 만남

eat a horse

(너무 배고파서) 많이 먹다

말은 꽤 큰 동물이에요. 그런 말 한 마리를 먹겠다는 것은
그만큼 배고프다는 것을 강조하는 거예요.
I'm hungry, I'm starving.과 같은 배고프다는 말 뒤에 이 말을 해요.
너무 배고파서 말 한 마리라도 다 먹을 수 있을 지경으로,
앞에 could와 함께 말하면 자연스러워요. 일종의 가정하는 표현이니까요.

conversation

What would you like to eat?
뭐 먹고 싶니?

Anything. I haven't eaten since this morning.
I could eat a horse.
아무거나. 오늘 아침부터 못 먹었어. 말 한 마리라도 먹을 수 있겠어.

1. 동물과 이디엄의 만남

horse around
(요란하게) 장난치다

망아지처럼 날뛰는 모습을 떠올려 보세요.
야단법석을 떨며 노는 모습인데, 그렇게 긍정적인 뜻은 아니에요.
around가 주변을 뜻하니까, 정신없이 여기저기 뛰어다니는 모습이에요.
참고로 아이들이 밀고 때리고 거칠게 노는 장난을 horseplay라고 해요.
장난 좀 치지 마! Stop horsing around!

Did you have a good time with the kids?
애들하고 재미있는 시간 보냈어?

I did. They horsed around all day in the park.
Now they are very tired.
응. 애들이 공원에서 하루 종일 뛰어 놀았어. 지금은 아주 지쳤지.

beat a dead horse

부질없는 짓을 하다

옛날에는 말이 중요한 교통수단이었어요.

채찍질을 하면 말은 더 빨리 달리죠.

그렇지만 죽은 말은 아무리 채찍질을 해도 일어나질 않으니 소용없는 짓이 돼요.

이미 결론이 난 일에 대해 다시 말을 꺼낼 때, 또는 뒷북을 칠 때 이렇게 말해요.

부질없는 짓 하지 마. Don't beat a dead horse.

conversation

Why are you bringing that up again? Let's not beat a dead horse.
그 일은 왜 또 꺼내는 거야? 부질없는 짓 하지 맙시다.

There's just one thing I want to ask you about it.
그 일에 대해 당신에게 물어볼 게 하나 있어요.

1. 동물과 이디엄의 만남

go down the drain

물거품이 되다

물이 하수구(drain)로 흘러내려가는 모습에서 허무하게 사라지는 것을 연상할 수 있어요.

참고로 money down the drain이라고 하면 돈 낭비라는 뜻이에요.

상황이 점점 안 좋아질 때, 실력이 줄어들 때에도 이 표현을 써요.

지난 10년간 내 영어 실력은 후퇴하고 있어.

My English has been going down the drain for the past 10 years.

Our office branch will be closed this month.
우리 지점이 이번 달에 문을 닫을 거야.

Yeah. Our 10 years of time and effort will go down the drain.
응. 우리 10년의 시간과 노력이 물거품이 되겠지.

put ~ on the back burner

~를 잠시 보류하다

당장 데울 필요가 없는 냄비는
뒤쪽 버너로 치워 놓을 수 있는 제품이죠.

급하지 않은 요리는 뒤쪽 버너로 치워 두고
급하게 조리해야 하는 것은 앞쪽 버너에 놓고 집중적으로 만드는 법.
급하게 처리하지 않아도 되는 어떤 일을 잠시 뒤로 미룰 때
이런 비유를 써서 말해요.
그 문제는 잠시 보류하자. Let's put that on the back burner.

conversation

Didn't you say you'd travel to Europe after finishing your school?
학교를 마치면 유럽여행을 하겠다고 하지 않았어?

I did, but I think I have to put my plans on the back burner.
I'm going to get a job and save some money first.
응, 하지만 계획을 잠시 보류해야 할 것 같아. 먼저 직장을 구하고 돈을 모을 거야.

burn the candle at both ends

(과로로) 지치다

초(candle)의 양쪽을 태우면 더 밝기는 하지만 금방 닳아 없어지겠죠?

아침 일찍부터 저녁 늦게까지 자신을 불태워 일하는 사람은 금방 지치게 돼요.

번아웃(burnout) 증후군이라는 말도 있잖아요.

우리말의 '녹초가 되다'라는 말이 연상되네요.

그렇게 녹초가 되도록 일하지 마. Don't burn the candle at both ends.

conversation

Susan always looks tired.
Susan은 항상 피곤해 보여.

She's burning the candle at both ends. She goes to college
during the day and works at a restaurant at night.
그녀는 일하느라 지쳐 있어. 낮에는 대학에 가고 밤에는 식당에서 일하지.

from the cradle to the grave

요람에서 무덤까지, 평생

영국에서 사회보장제도의 실시를 주장하면서 내세운 슬로건이라고 해요.
출생을 의미하는 요람(cradle)에서 죽음을 의미하는 무덤(grave)까지
국민의 전 생애를 국가가 보장한다는 개념을 나타내는 표현이에요.
the 없이 from cradle to grave라고 말하기도 하고,
from birth to death라고도 말해요.

conversation

Do you really think it's possible for us
to get free medical care from the cradle to the grave?
우리가 평생 무료로 의료 서비스를 받는 게 정말 가능하다고 보세요?

Trust me. I'll make it happen.
절 믿어주세요. 그렇게 되도록 할 것입니다.

ring a bell

기억나다, (들어보니) 친숙하다

뭔가가 퍼뜩 기억날 때 머릿속에서 띵~하고 종이 울린다고 표현해요.

현실에서도 예를 들어, 기계의 안전장치가 종소리를 내면

그 순간 머릿속에서 위험을 각성을 하잖아요.

오랜만에 만난 사람의 이름이 생각나지 않을 때 이렇게 말해요.

그녀의 이름이 기억 안 나. Her name doesn't ring a bell.

conversation

Maybe you left your phone on the subway.
네가 지하철에 전화기를 두고 내렸을 수도 있어.

That didn't ring a bell.
I have to check the places I went to yesterday.
기억이 안 나. 어제 내가 갔던 장소들을 확인해 봐야겠어.

2. 단어로 연상되는 이디엄

follow in one's footsteps

~의 뒤를 따르다

우리말의 '전철을 밟다'와 비슷하게, 영어로는 '발자국(footstep)을 따라간다'고 해요.

'전철'은 앞서 간 수레바퀴의 자국을 뜻해서 주로 좋지 않은 의미로 쓰이지만,

영어의 footstep은 좋은 의미에서 선례를 따르는 거예요.

앞서 밟았기 때문에 움푹 들어간 발자국을 또 밟는 것이라서 in을 써요.

저는 아버지의 뒤를 따르고 싶어요. I want to follow in my father's footsteps.

conversation

My daughter wants to be a hairdresser just like me.
제 딸은 저처럼 미용사가 되고 싶어 해요.

So, she wants to follow in your footsteps.
You must be proud of her.
그러면 엄마의 뒤를 따르려는 거네요. 자랑스러우시겠어요.

run in the family

집안 내력이다

가족 내에 흐른다는 것은 유전적(genetic)이라는 말이에요.
지금은 안 쓰지만 옛날에는 Blood will tell.이라는 말도 있었어요.
가족은 같은 피라는 의미가 들어간 있죠.
그런 피가 우리의 몸속에서 흐르기 때문에 run을 씁니다.
the 대신 소유격을 써도 돼요.

My girlfriend knows how to drink, but oh man!
Her father drinks like a fish and never gets drunk.
여자 친구가 술 마실 줄 알지만, 세상에! 그녀 아버지는 술고래라 절대 취하지 않으셔.

I guess it runs in her family!
집안 내력인가보네!

get into the swing of

~에 익숙해지다

골프의 스윙(swing) 아시죠? 스윙하는 곡선의 모양새가 어떤 상황의 변화와 연결돼요.

그 변화 속에 들어가는(get into) 것이니 새로운 상황에 적응하는 거예요.

새 직장에 들어갔다면 이런 말을 할 수 있겠네요.

익숙해지기 시작하고 있어. I'm beginning to get into the swing of things.

of 뒤에는 주로 things나 it을 써요.

conversation

You were gone for almost a year.
How are you doing at work?
거의 일 년 동안 떠나 있었네요. 직장에서는 어때요?

I am trying to get back into the swing of things.
다시 익숙해지려 노력하고 있어요.

go with the flow

흐름에 맡기다

flow는 흐름 또는 물살을 뜻해요.

그 물살과 함께 가는 것이니까 바람 부는 대로, 물 흐르는 대로

'대세를 따르다, 흐름에 몸을 맡기다'라는 뜻이에요.

상황을 받아들이고 거기에 몸을 싣는 거예요.

불가피한 상황에 맞서지 않고 상황이 데리고 가는 대로 움직이는 것이죠.

I'm excited about our trip next month.
What do you want to do in Vietnam?

다음 달 우리 여행이 엄청 기대돼. 넌 베트남에서 뭐 하고 싶니?

I don't know what to expect. I'll just go with the flow.

뭘 기대해야 할지 모르겠어. 그냥 대세를 따를래.

go out on a limb

위험을 감수하다

You don't have to go out on a limb like that.

열매를 따려고 나뭇가지(limb) 위에 아슬아슬하게 올라타는 모습이에요.

우리말에 '위태로운 줄타기를 한다'라고 하듯,

남과 다르게 생각하거나, 다른 의견을 지지함으로써 스스로를 위험에 빠트리는 거예요.

자원봉사자들이 위험을 감수하면서까지 희생자들을 돕고 있습니다.

Volunteers are going out on a limb to help the victims.

conversation

Are you really going to the gay pride parade?
너 정말 동성애 권리행진에 참가할 거야?

Yes. I don't think that supporting gay rights means
you're going out on a limb these days.
응. 요즘에는 동성애 권리를 옹호하는 게 위험을 감수하는 일이라고 생각하지 않아.

2. 단어로 연상되는 이디엄

off the hook

곤경에서 벗어난

갈고리(hook)에서 off 즉, 벗어나는 것을 뜻하니까,
물고기가 낚싯바늘에서 빠져나가는 모습을 연상할 수 있어요.
어떤 문제나 의무, 책임감에서 벗어난다는 말이에요.
또 사람을 풀어준다는 의미도 있어요.
넌 이제 해방이야. You're off the hook.

It's a potluck party, but you don't have to bring anything.
각자 음식을 들고 와서 먹는 파티지만, 넌 아무것도 가지고 오지 않아도 돼.

Really? Thanks for getting me off the hook.
I had no idea what to bring.
정말? 난처한 상황에서 벗어나게 해줘서 고마워. 뭘 가져가야 할지 몰랐는데.

screw up

엉망으로 만들다

Don't screw up my party.

Let me in...

나사를 의미하는 screw는 동사로는 어떤 것을 '비틀다'라는 뜻이에요.
비튼다는 것은 쥐어짜는 것, 압박하는 것, 속이는 것 등 부정적인 의미로 확장됐어요.
up을 붙이면 의미가 더 강조돼요. 내가 다 망쳤어. I screwed up everything.
망친 대상을 특정하지 않고 말한다면 screw와 up 사이에
그냥 it을 써서 I screwed it up.이라고 말해요.

conversation

Why did you tell Sam about the party?
It was supposed to be a surprise birthday party for her.

Sam한테 왜 파티에 대해 말했어? 깜짝 생일파티를 열려고 했는데.

Oh, I didn't know that. Did I screw everything up?

몰랐어. 내가 다 망친 거야?

on the same page

생각이 비슷한

책의 같은 페이지를 보는 것은 같은 생각을 한다는 뜻이에요.

같은 내용을 읽고 있으니 생각이 비슷해지는 것이지요.

회의를 한다면 참석자들은 같은 자료를 보고 의견을 나눌 것이고,

같은 페이지를 보면서 같은 내용을 이해하겠지요?

너도 같은 생각이지? Are you on the same page?

conversation

I'd like to go to a beach for our holiday.
난 우리 휴가를 해변으로 갔으면 해.

I'm glad we're on the same page about where to go this time.
이번에 어디로 갈지 우린 생각이 같아서 좋네.

blow one's own horn

자화자찬하다

blow one's own trumpet이라는 표현에서 유래했다고 해요.

자기 자신의 나팔을 부는 것은 자기 자랑을 한다는 의미예요.

toot one's own horn이라고도 합니다.

제 자랑 같아서 좀 그렇지만, 저는 컴퓨터 전문가예요.

I hate to blow my own horn, but I'm a computer expert.

conversation

How did your blind date go?
소개팅 어땠어?

It was terrible! He spent hours blowing his own horn
by talking about his family, his car, and his celebrity friends.
끔찍했어! 가족, 차, 유명 연예인 친구들에 대해 얘기하면서 몇 시간 동안 자기 자랑을 하더군.

2. 단어로 연상되는 이디엄

blow one's cover

정체를 밝히다

비밀리에 첩보 활동을 하는 것을 undercover라고 해요.
덮개(cover)를 날려버리는 것이니 감춰진 정체를 드러낸다는 의미가 돼요.
reveal one's true identity, reveal one's true color라고도 말해요.
내가 너의 정체를 밝히겠어. I'll blow your cover.
정체 드러내지 않도록 조심해. Be careful not to blow your cover.

conversation

Remember the guy who acted like a millionaire at the meeting?
He turned out to be a con artist.
모임에서 백만장자처럼 행동하던 남자 기억해? 알고 보니 사기꾼이었던 것 있지.

I know. I heard someone recognized him and blew his cover.
알아. 누가 그를 알아보고 정체를 폭로했대.

sit on the fence

중립을 지키다

울타리(fence) 위에 앉아 있는 것은 울타리 이쪽, 또는 저쪽으로
언제든지 내려갈 수 있는 상태예요.
어느 쪽의 편도 들지 않고 양쪽을 지켜보기만 할 때 쓰는 표현이에요.
remain neutral, stand neutral이라고도 말할 수 있어요.
난 그냥 중립을 지킬래. I'll just sit on the fence.

conversation

You can't sit on the fence any longer. Whose side are you on?
넌 더 이상 중립을 지킬 수 없어. 넌 누구 편이야?

I don't know. Let me get out of here.
몰라. 나는 빠질래.

skeleton in the closet

숨겨진 비밀

옷장 안의 해골은 남에게 보이기 싫은, 또는 알리고 싶지 않은 비밀을 의미해요.

옷장은 뭔가를 숨기기도 쉽지만, 발견되기도 쉬운 곳이지요.

해골은 과거의 수치스러운 일, 비밀을 뜻하고요.

과거는 묻어 둬. Keep your skeletons in your closet.

거의 누구나 비밀 하나쯤은 가지고 있지. Almost everyone has a skeleton in the closet.

Did you hear that John was an ex-convict? He was in and out of jail three times! John이 전과자였다는 얘기 들었어? 감방을 세 번이나 들락날락했대!

Yeah, I heard that. I didn't know he had so many skeletons in the closet, but he seems normal now.
응, 들었어. 그렇게 숨은 비밀이 많은지 몰랐네. 지금은 평범해 보이던데.

with a fine-tooth comb

샅샅이, 꼼꼼하게

Let's search this area
with a fine-tooth comb.

fine은 '좋은'의 뜻이 아니에요. '미세한'의 뜻으로,
find-tooth comb이라고 하면 우리나라의 참빗처럼 빗살이 얇고 가는 빗을 말해요.
그 촘촘한 참빗으로 샅샅이 뒤지는 모양새인 거예요.
샅샅이 뒤졌지만 내 반지는 못 찾았어.

I looked everywhere with a fine-tooth comb but couldn't find my ring.

conversation

Have you found your keys yet?
열쇠 찾았니?

**No. I went over the whole house with a fine-tooth comb,
but I haven't found them.**
아니, 온 집안을 샅샅이 뒤쳤는데 못 찾아.

no strings attached

조건 없음

> I want to be with someone with no strings attached.

> 내 줄이 어때서?

string은 끈, 줄을 뜻하는데, 그 의미가 제약(limitation)으로 확장되었어요.
이 제약이 달라붙지 않은 것이니 아무 조건이 없다는 말이 되죠.
아무 조건 없어. There's no strings attached.
앞에 with를 붙여서 말할 수 있어요.
조건 없이 돈을 빌려주마. I can lend you money with no strings attached.

conversation

A monthly membership is just $59? It can't be that cheap.
There must be some strings attached.
한 달 회원권이 겨우 59달러라고요? 그렇게 쌀 리 없어요. 뭔가 조건이 있을 거예요.

I promise there's no strings attached.
약속하건대 아무 조건 없어요.

over the hill

(사람이) 한물간

> 자기는 절대 언덕을
> 넘어가지 않고
> 저기에서 살 거래요.

나이가 들어 전성기가 지나는 것을 언덕을 넘는 데 비유해요.
인생의 한창때를 언덕의 정상에 다다르는 것으로 보고,
그 언덕을 넘으면 내리막길이기 때문에 한물간 것이 되죠.
past one's prime이라고도 말해요. be동사와 자주 쓰입니다.
나 이제 한물간 것 같아. I think I'm over the hill.

conversation

I can't go anymore. I'm over the hill, you know.
더 이상은 못 가겠어. 알다시피 난 한물갔다고.

You're only fifty! You're not over the hill yet.
겨우 50이잖아요! 아직 한물가지 않았어요.

off the top of one's head
당장 떠오르는 대로

선생님, 이런 데서 주무
시면 안 돼요.
댁이 어디세요?

I can't remember
off the top of my head.

즉석에서 생각이 떠오르는 것을
머리 꼭대기에서 떨어져 나오는 것으로 연상한 표현이에요.
대충 어림잡아 말할 때 쓰기도 하고,
깊이 생각하지 않고 우선 생각나지 않는다고 말할 때에도 써요.
지금 당장은 기억이 안 나. I don't remember it off the top of my head.

conversation

How much do you think this house would be worth?
이 집이 얼마일 거라고 생각해?

Well, right off the top of my head,
I'd say about 1.5 million dollars.
글쎄, 당장 떠오르는 금액은 150만 달러쯤?

the short end of the stick

불리한 입장, 부당한 대우

Sorry, you got the short end of the stick.

상어가 웬 톱을 들고 있지?

싸우려고 막대기를 둘로 부러뜨렸는데 한쪽은 길고 다른 한쪽은 짧다면?
아무래도 짧은 쪽을 가진 사람이 불리하겠죠?
이렇게 불리한 입장에 서거나, 부당한 대우를 받았을 때 이 표현을 써요.
앞에 have나 get을 붙여서 말해요.
난 부당한 대우를 받았어. I got the short end of the stick.

conversation

What's wrong with Susan? She looks quite upset.
Susan한테 무슨 일 있어? 꽤 화가 난 것 같은데.

Jenny got promoted instead of her.
She thinks she got the short end of the stick.
그녀 대신 Jenny가 승진했거든. 자기가 부당한 대우를 받았다고 생각해.

204

go out of one's way

굳이 노력을 하다

어떤 일을 위해 자기가 가던 길에서 벗어난다는 것은
굳이 수고를 감내하고 노력을 한다는 뜻이에요.
특히 남을 돕기 위해 수고를 마다하지 않는 상황에 알맞은 표현이에요.
내가 면접을 보도록 언니가 굳이 애를 썼어.

My sister went out of her way to get me the job interview.

Mr. and Mrs. Smith really go out of their way to make us feel welcome.
우리가 환영받는 느낌이 들도록 Smith씨 부부가 엄청 노력해.

I know. I really appreciate it.
알아. 정말 고맙지.

2. 단어로 연상되는 이디엄

give it a shot

한번 해보다

한 방을 쏜다는 것은 한번 시도해본다는 뜻이에요.
shot이 발사를 뜻하기도 하지만 시도(try)를 뜻하기도 하거든요.
그래서 give it a try라고 말해도 되고,
give it a go, take a shot 등의 표현도 있어요.
최선을 다해볼 거야. I'll give it my best shot.

I don't think I'll be any good at tennis.
난 테니스는 못할 것 같은데.

Why don't you give it a shot to see if you like it or not?
한번 해보고 테니스가 좋은지 아닌지 알아보는 게 어때?

right up one's alley
~에게 딱 맞는

alley는 골목을 뜻하는데, 볼링에서 공이 굴러가는 곳을 의미하기도 해요.
그 의미가 영역(province)으로 확장되었죠.
그러니 '~의 영역'이라고 하면 취향이나 능력이 그 분야에 적합하다는 의미가 돼요.
right down one's alley라고도 말할 수 있어요.
축구를 하는 게 나한테 딱 맞아. Playing soccer is right up my alley.

conversation

What does Jen want to be in the future?
Jen은 장차 뭐가 되고 싶어 해요?

Well, cooking is right up her alley,
so I think she wants to be a chef.
글쎄요, 요리가 그 애한테 딱 맞으니까 아마도 요리사가 되고 싶어 할 거예요.

2. 단어로 연상되는 이디엄

up in the air

정해지지 않은

공기 중에 둥둥 떠다니는 상태와 땅 위에 놓여 있는 상태를 비교해 보세요.

공중에 있는(in the air) 것은 불안정한 상태예요.

그러니 어떤 결정을 내리지 못하고 있을 때, 상황이 확실하지 않을 때 이렇게 말해요.

모든 것이 확실하지 않아. Everything is up in the air.

나의 미래는 정말 불확실해. My future is totally up in the air.

What are you going to do after graduating?
졸업하고 뭐 할 거야?

**I don't know. I could go to a graduate school
or I could try to find a job. Things are up in the air.**
모르겠어. 대학원을 갈 수도 있고 일자리를 알아볼 수도 있고. 정해져 있지는 않아.

full of hot air
허풍이 심한

터무니없는 말을 자랑으로 떠벌리거나 거드럭거리며 허풍을 떠는 말을
뜨거운 공기(hot air)에 비유해요.
공기에 열을 가하면 팽창하는 것처럼
어떤 일이 실제보다 과장되었을 때 부풀어 오르는 모습인 것이죠.
full of nonsense라고도 말할 수 있어요.

conversation

Roger likes to talk big. I can't tell if he's lying or not.
Roger는 부풀려 말하는 걸 좋아해. 그가 거짓말하는지 아닌지 구별할 수가 없어.

You're right. He's full of hot air.
맞아, 그는 허풍이 심해.

just around the corner

임박한

말 그대로 길모퉁이를 돌아선 곳이라고 하면
거리상으로 아주 가깝다는 뜻도 되고, 어떤 일이 곧 닥칠 것이라는 뜻이기도 해요.
우리말로 '코앞에 다가온다'고 하는데,
영어로는 이렇게 길모퉁이 주변에 있다고 해요.
네 생일이 다가 오네. Your birthday is just around the corner.

You look like you're in a good mood today.
너 오늘 기분 좋아 보인다.

I am! Spring is here and that means baseball season is just around the corner.
맞아! 봄이 왔고 그 말은 야구 시즌이 코앞이라는 뜻이지.

2. 단어로 연상되는 이디엄

from scratch

맨 처음부터

scratch는 땅에 그은 금을 말해요.
달리기를 할 때 땅에 출발선을 그어 놓고 하는 것처럼
from scratch는 '처음부터, 아무것도 없는 상태에서'를 뜻해요.
이미 만들어진 케이크 믹스를 쓰는 게 아니라, 밀가루를 채에 거르는 것부터 모두 다
본인이 했다면 이렇게 말할 수 있어요. I made this cake from scratch.

Wow! This pizza looks delicious.
Where did you order it from?
와! 피자 맛있어 보인다. 어디에서 주문했어?

I made it from scratch!
내가 처음부터 다 만든 거야!

2. 단어로 연상되는 이디엄

have a crush on

~에게 홀딱 반하다

> 왕자님, 저기 줄 선 사람들
> 안 보여요?

crush는 동사로 쭈그러뜨리는 의미가 있는데,
명사로는 강렬한 사랑을 뜻하기도 해요. have대신 get을 써도 돼요.
반한 상대를 crush라고 하여, She was my high school crush.와 같이 말할 수도 있어요.
홀딱 반하는 대상에 대해서는 on을 붙여서 말해요.
나는 그녀에게 완전 반했어. I have a crush on her.

conversation

I think I had a huge crush on someone.
나 누구에게 완전히 반한 것 같아.

Who is he? Do I know him?
누구? 내가 아는 사람이야?

fall for

사랑에 빠지다, 속아 넘어가다

사람에 대해 fall for한다면 사랑에 빠진 거예요.

fall이라는 말이 '떨어지다, 빠지다'라는 뜻이니 사람에게 푹 빠진 것을 연상할 수 있어요.

이런 감정이 아닌 것에 빠질 때는 뭔가에 속아 넘어갈 때입니다.

나 그녀와 사랑에 빠졌어. I fell for her.

나 완전히 속았어. I completely fell for it.

I'm sorry for being late again,
but there was a huge accident on the highway.
또 지각해서 죄송한데, 고속도로에서 교통사고가 크게 났었어요.

Don't expect me to fall for that. You've already used that excuse before.
내가 속아 넘어갈 거라고 기대하지 마. 그 핑계는 이미 댔잖아.

head over heels

홀딱 반한

머리가 발뒤꿈치(heels) 위로 넘어간 모습이에요.

사랑에 빠져서 모든 것을 다 내어줄 수 있는 마음을 이렇게 표현한 거예요.

그 대상을 말할 때에는 뒤에 with나 for를 써요.

너 그에게 완전 빠져 있구나. You are head over heels with him.

사랑에 빠졌다고 말할 때에는 뒤에 in love를 붙이면 돼요.

Check out the look on Jen's face.
Jen 표정 좀 봐.

Yeah. She's head over hills for her fitness instructor.
응, 피트니스 강사한테 홀딱 빠졌군.

hook up with

~와 엮이다

hook은 갈고리, 낚싯바늘을 뜻해요.
바늘에 미끼를 꿰어 물고기를 잡는 것을 누군가와의 만남, 꾐으로 연상한 것이죠.
a hook up bar라고 하면 주로 성적으로 상대에게 끌려서 만나는 바를 말해요.
내가 너를 그에게 소개해 줄게. I will hook you up with him.

conversation

I saw you leave the party with Carol last night.
어젯밤에 네가 Carol하고 파티에서 빠져나가는 걸 봤어.

I know what you're thinking, but I didn't hook up with her.
네가 무슨 생각하고 있는지 아는데, 그녀와 아무 일도 없었어.

hit on

~에게 작업을 걸다

사람을 때리는(hit) 것이 아니라 수작을 부릴 때 쓰는 표현이에요.
서로 모르는 사이인데 상대가 마음에 들어서 말을 거는 모습이요.
속된 말로 '작업을 건다'라고 하죠?
저한테 작업 거시는 건가요? Are you hitting on me?
당신에게 작업 거는 거 아니에요. I'm not hitting on you.

Hey, what do you think? Was he hitting on me?
야, 네 생각은 어때? 그가 나에게 작업 걸고 있었니?

Well, I don't think so. He's nice to everybody.
글쎄, 아닌 것 같은데. 그는 모두에게 친절해.

3. 사랑할 때의 이디엄

hit it off

죽이 잘 맞다

금방 친해지거나, 성격이나 취미가 비슷해서 잘 어울릴 때 쓰는 표현이에요.

남녀관계뿐만 아니라 동성끼리 죽이 딱딱 맞는다고 할 때에도 써요.

우리는 처음부터 죽이 잘 맞았어. We hit it off from the beginning.

죽이 잘 맞는 대상을 말할 때에는 뒤에 with를 써요.

넌 내 친구와 죽이 잘 맞을 거야. You'll hit it off with my friend.

You will hit it off with Matt. You have so many things in common with him.
너는 Matt랑 죽이 잘 맞을 거야. 둘이 공통점이 아주 많아.

It sounds like it. I can't wait to meet him.
그런 것 같아. 어서 만나고 싶네.

set one up
~에게 소개팅을 시켜주다

로맨틱한 관계를 갖도록 두 사람 사이에 만남을 주선하는 것을 뜻해요.
소개팅(blind date) 같은 것이죠.
나 소개팅 언제 시켜줄래? When are you going to set me up?
set 대신에 fix를 써도 되고,
소개팅하는 대상을 밝힌다면 뒤에 with를 써서 말해요.

Who is she? She's gorgeous! Set her up with me!
저 여자 누구야? 매력적이야! 소개팅해줘.

Forget it! She's already married.
꿈 깨! 벌써 결혼한 여자야.

rob the cradle

훨씬 어린 연하와 사귀다

아기 침대(cradle)을 훔치는(rob) 것은
나이 차이가 상당히 많이 나는 사람과 사귀거나 결혼하는 것을 말해요.
그런 사람을 우리말로는 '도둑'이라고 하죠.
그는 나이 차이가 엄청 많이 나는 사람과 결혼했어. He robbed the cradle.
참고로 10대를 군대에 징집할 때에도 이 표현을 쓴다고 해요.

conversation

I hear Ann is dating Jim. Isn't it robbing the cradle?
He's much younger than her.
Ann이 Jim하고 사귄다던데. 요람을 훔치는 격 아니냐? 그가 그녀보다 훨씬 어린데.

Age doesn't matter, I think.
나이는 상관없는 것 같아.

get stood up

바람맞다

상대와 만나기로 했는데 바람맞은 모습이
누군가에 의해 세워진 모습으로 묘사돼요.
나 그녀에게 바람맞았어. I got stood up by her.
나를 기다리게 만든 사람을 주어로 말한다면 get stood up이 아닌 stand up으로,
그녀가 나를 바람맞혔어. She stood me up.

conversation

So, tell me how your date went yesterday.
어제 그 남자랑 데이트 어땠는지 말해줘.

You know I even bought a nice dress for the date, right?
Guess what? I got stood up!
내가 데이트 때문에 멋진 원피스도 산 것 알지? 근데, 나 바람맞았어!

cheat on

~ 몰래 바람을 피우다

부정행위로 시험을 보는 것을 커닝(cunning)이라고 하는 사람들이 있는데,
이것은 맞는 표현이 아니에요. cheating이라고 하는 게 맞죠.
시험의 부정행위가 배우자나 파트너 몰래 바람을 피우는 상황과 같은 말로 표현돼요.
on 다음에 당하는 사람, 그 뒤에 with를 써서 바람피우는 상대를 말해요.
너 나 몰래 바람피우니? Are you cheating on me?

Have you heard about Chris? He recently got divorced!
Chris 소식 들었어? 최근에 이혼했대!

Yes, I did. He caught his wife cheating on him
with his best friend.
와이프가 자기 베프와 바람피우는 것을 잡았대.

break up with

~와 헤어지다

초콜릿을 조각내는 모습,

경기가 끝나고 사람들이 흩어지는 모습을 모두 break up이라고 해요.

밴드가 해체할 때에도 이 표현을 써요.

특히 연인 관계에서 헤어질 때 with를 씁니다.

그 둘은 마침내 헤어졌어. They finally broke up with each other.

I heard you broke up with Andy. Are you okay?
너 Andy하고 헤어졌다며. 괜찮아?

Not really. I'm heart-broken.
안 괜찮지. 마음이 아파.

a Dear John letter

이별통보

여자가 남자에게 이별을 통보할 때 보내는 편지를 말해요.
편지는 보통 '친애하는'을 뜻하는 Dear로 시작해요.
John은 서양에서 굉장히 흔한 남자 이름이에요. 여기에 상응하는 여자 이름은 Jane.
그래서 남자가 여자에게 보내는 이별통보는 Dear Jane letter가 되죠.
그녀가 나에게 이별통보를 했어. She sent me a Dear John letter.

conversation

What's up with Oscar today?
오늘 Oscar한테 무슨 일 있어?

You know his wife left him a week ago, right?
It seems like she sent him a Dear John letter.
그의 와이프가 일주일 전에 떠났잖아? 그녀가 이별통보를 보낸 것 같아.

tie the knot

결혼하다

여자가 적었던 고대 유럽에서 신부를 납치하는 것을 막기 위해
신랑과 신부의 손을 한데 묶었던 것에서 비롯되었다는 설이 있어요.
get married라고 말할 수도 있지만, tie the knot을 써보는 것도 좋아요.
우리 결혼하기로 마음먹었어. We decided to tie the knot.

conversation

When are you two going to tie the knot?
너희 두 사람 언제 결혼해?

We haven't decided yet.
아직 결정하지 않았어.

3. 사랑할 때의 이디엄

slip one's mind

잊어버리다

mind는 마음, 정신을 뜻해요.

사람이 정신이 나갔을 때 out of mind라고 하잖아요?

slip은 미끄러지는 것이니까 정신에서 미끄러지듯 빠져 나온 상태,

그러니 잊어버리는 상황을 뜻해요. 간단하게 forget을 써도 좋아요.

깜빡했어. I forgot it. 또는 It slipped my mind.

Did you stop by the pharmacy on the way home?
집에 오는 길에 약국에 들렀어?

Oh, right. You asked me to pick up some headache pills.
It slipped my mind!
아, 맞다. 두통약 사오라고 했지. 깜빡했다!

learn ~ by heart

~를 암기하다

중세시대 영국의 작가 초서(Chaucer)의 작품에도 이 표현이 나온다고 해요.

고대 그리스인들은 머리가 아니라 심장이

인간의 지성과 기억의 중심이라고 믿었어요.

어떤 것을 심장(기억)으로 배운다는 것은 암기하는 것이 돼요.

모든 표현들을 암기해. Learn all the expressions by heart.

Wow! He's playing the piano without looking at the notes.
와! 악보도 안 보고 피아노를 치네.

That's because he learned all the songs by heart.
모든 곡을 암기했기 때문이지.

4. 사고를 표현하는 이디엄

make heads or tails of

~를 이해하다

heads(머리)와 tails(꼬리)는 동전의 앞면과 뒷면을 말해요.
뭔가 결정하기 위해 동전을 던지면서 Heads or tails?라고 묻기도 하죠.
어느 것의 앞과 뒤를 안다는 것은 그것을 잘 이해한다는 뜻이 돼요.
can't와 함께 써서 '~를 이해하지 하지 못하다'라는 의미로 많이 써요.
단수 head or tail도 괜찮아요.

conversation

What do you think about Professor Peter's class?
Peter 교수님 수업에 대해 어떻게 생각해?

I can't make heads or tails of it at all.
I don't think he even knows what he's talking about.
도저히 이해 못하겠어. 자기도 무슨 말을 하는지 모르는 것 같아.

wrap one's head around

~를 이해하다

무언가에 머리를 두른다는 것은 그것을 이해한다는 뜻이에요.

head는 우리 몸의 머리를 뜻하기도 하지만,

사물을 판단하는 두뇌를 뜻하기도 하거든요.

understand, figure out이라고도 말할 수 있어요.

나 이 설명서를 도저히 이해 못하겠어. I can't wrap my head around this manual.

I'm sorry. I just can't wrap my head around the rules of the game.
미안해. 게임 규칙을 도저히 이해 못하겠어.

I'll explain them one more time.
한 번 더 설명할게.

4. 사고를 표현하는 이디엄

catch one's drift

(의미나 의도를) 이해하다

drift는 기본적으로 떠다니는 것을 가리켜요.

그 의미가 확장되어 사람의 의향, 의도를 뜻하기도 해요.

Get the drift?라고 하면 '내 말뜻을 알겠니?'라는 뜻이에요.

누군가가 의도하는 말을 잡는 것이니 이해한다는 뜻이 돼요.

네 말뜻을 이해하겠어. I can catch your drift.

conversation

I won't be surprised if Laura breaks up with her boyfriend.
Laura가 남자 친구와 헤어진다고 해도 난 놀랍지 않아.

I think I caught your drift.
네가 무슨 말인지 알겠어.

bark up the wrong tree

헛다리를 짚다

17세기 영국 귀족들 사이에서는 개를 끌고 사냥을 나가는 게 유행이었대요.
개가 사냥감이 숨어 있는 나무가 아닌
엉뚱한 나무를 향해 짖는 모습에서 비롯된 표현이에요.
표적이 된 동물들은 일부러 나무에 채취를 남기는 속임수를 쓰기도 한대요.
내 탓 마. 엉뚱한 사람 잡는 거야. Don't blame me. You're barking up the wrong tree.

conversation

We should ask Jacob to invest some money into our company.
Jacob한테 투자를 해달라고 부탁해야겠어.

Jacob? I think you're barking up the wrong tree.
He declared bankruptcy last month.
Jacob? 헛다리 짚고 있네. 그는 지난달에 파산신청을 했어.

take one's mind off

생각을 다른 데로 돌리다

바람직한
취미네.

Knitting helps me
take my mind off the
stress.

off는 붙어 있던 무엇인가를 떼서 분리시키는 의미를 갖고 있어요.
take는 가져가는 것이니까 누군가의 생각을 다른 데로 가져가는 게 되는 것이지요.
뒤에 of을 써서 생각을 돌리려는 대상을 말할 수 있어요.
생각을 성적에서 다른 데로 돌려봐. Try to take your mind off of your grades.

I've been so stressed out lately that I can't sleep or eat.
요즘 너무 스트레스를 받아서 자지도 먹지도 못해.

You need to take your mind off of your trouble.
Let's go drink some beer.
너 생각을 다른 데로 돌릴 필요가 있어. 맥주 마시러 가자.

food for thought

생각할 거리

음식이 우리 몸에 에너지를 주는 것처럼
생각을 위한 음식은 무엇인가 생각할 거리라는 뜻이에요.

나 이 책이 정말 좋아. 나한테 생각할 거리를 많이 줘.

I really like this book. It gives me lots of food for thought.

conversation

What did the doctor say?
의사가 뭐래?

Well, his diagnosis gave me a lot of food for thought
about my diet.
음, 의사의 진단이 내 식단에 대해 생각할 거리를 많이 줬어.

4. 사고를 표현하는 이디엄

put two and two together

주어진 정보를 토대로 결론을 내다

2 더하기 2를 하면 4가 되는 것은 확실한 계산이죠?

가지고 있는 정보를 종합해서(put together) 알아내는 것을 뜻해요.

그전에는 put two and two together to make four라는 표현도 있었다고 해요.

난 정보를 종합해서 결론을 내렸지.

I made a conclusion after putting two and two together.

conversation

How did you know that John and Pam were dating?

John하고 Pam이 데이트하는 건 어떻게 알았어?

They come to work and leave the office always at the same time,
So, I put two and two together.

둘이 항상 같은 시간에 출퇴근하잖아. 그래서 정보를 종합해서 결론을 내렸지.

think outside the box

기존의 틀에서 벗어나 생각하다

상자(box)는 기존의 틀, 전통적인 방식의 비유예요.

그 밖에서 생각한다는 것은 기존의 틀에서 벗어나 창의적으로 생각한다는 의미가 돼요.

경영 컨설팅에서 쓰는 nine dots라는 퍼즐에서 유래했다고 해요.

상자 모양으로 나열된 9개의 점을 연필을 떼지 않고 4개의 선으로만 연결하려면

선이 그 상자 모양 밖으로(outside) 나가야 가능하다고 해요.

Is this all you got? Think outside the box!
이게 다야? 기존의 틀에서 벗어나 생각해봐!

That's easier said than done.
그게 말이 쉽지요.

get the hang of

~하는 방법을 터득하다

이 표현의 어원에 대한 추측은 분분한데 단어의 의미로 접근해보면,
hang은 밧줄, 또는 도끼에 손잡이를 다는 것을 뜻하기도 했대요.
손잡이를 잘 달아야 도끼를 제대로 잡고 일할 수 있었겠죠?
그래서 그 일의 요령을 갖는다는 의미가 되는 것입니다.
넌 금방 감 잡을 거야. You'll get the hang of it in no time.

Do you think you can manage this work?
이 일을 해낼 수 있겠어요?

It may take time, but once I get the hang of it, I think I can do it.
시간은 걸리겠지만, 일단 방법을 터득하면 할 수 있을 거 같아요.

step up one's game

발전하다

step은 발을 내딛는 것, 그러니까 step up은 한 단계 위로 발을 올리는 모양이에요.

game은 놀이에서 뛰어난 역량, 기량으로 의미가 확장되었어요.

그러니 improve one's skills or talents,

기술이나 재능을 향상시킨다는 의미가 됩니다.

너 실력 좀 키워야겠다. You need to step up your game.

conversation

Congratulations! I heard you got a promotion!
You've really stepped up your game!
축하해! 승진했다며! 너는 정말 발전하고 있구나!

Thanks. They liked my reports and told me to keep up the good work.
고마워. 그들이 내 보고서를 마음에 들어 해서 계속 열심히 하라더라.

sleep on it

시간을 갖고 생각한 후 결정하다

결정을 내리기 전에 한 밤 자고 다음 날까지 곰곰이 생각해 보는 것은
시간을 들여서 신중히 결정하는 모습이에요.
당장 해결책이 없는 일을 끌어안고 있는 것보다는
잠시 잊고 한숨 자고 생각해 보는 게 도움이 되기도 하거든요.
내가 시간을 갖고 생각한 후에 결정하게 해줘. Let me sleep on it.

conversation

I think I need to sleep on it. I'll get back to you tomorrow.
시간을 두고 생각을 좀 해봐야겠어요. 내일 연락드리죠.

Okay. No worries. Just take your time.
네, 걱정 말고, 천천히 해요.

cut to the chase

본론으로 들어가다

> 당신을 처음 만났을 때부터 … 너무 아름답고 … 마음이 따뜻하고 … 재능 있고 … 그리고 … 그리고 …

> 아이고, 누가 달팽이 아니랄까봐! Cut to the chase!

chase는 뒤쫓는 모습이에요.

영화 속 추격 장면은 일종의 하이라이트인데, 미숙한 작가는

이 클라이맥스에 도달하기 전에 대사를 주저리주저리 써서 재미를 반감시킨대요.

대사를 줄이고 바로 추격 장면으로 가라는 재촉이지요. get to the point 라고도 말해요.

시간 낭비하지 말고 요점만 말해. Don't waste time, but cut to the chase!

conversation

How did you start dating so quickly?
어떻게 그렇게 빨리 사귀기 시작했어?

I cut to the chase and asked whether she had a boyfriend or not.
본론으로 들어가서 그녀에게 남자 친구가 있는지 없는지 물어봤지.

pull oneself together
정신을 가다듬다

정신이 산만할 때, 충격적인 일이나 슬픔으로 정신을 못 차리고 있을 때
흩어져 있는 자신을 추스른다는 뜻이에요.
우리말에 '정신 차려'라고 하는 것과 같아요.
get a grip, get one's act together라고도 말해요.
너 정신 좀 차려! Pull yourself together! 또는 You should get your act together.

conversation

He hasn't called yet! What if something bad happened to him?
아직 그에게서 전화가 안 왔어! 나쁜 일이라도 생겼으면 어쩌지?

Calm down. You have to pull yourself together.
진정해. 정신 차려야 해.

like a fish out of water

(장소에 어울리지 않아) 어색한

물고기는 물 밖으로 나오면(out of water) 굉장히 불편하겠죠?
'물 만난 물고기'의 반대 상황이에요.
낯선 환경에서 불편하고 어색할 때 쓰는 표현이에요.
나 정말 불편해. I feel really uncomfortable.이라고 할 수도 있지만
I feel like a fish out of water.라고 말해보는 건 어떨까요?

conversation

I feel really uncomfortable wearing these high heels.
이 하이힐은 정말 불편하군.

Yeah, you look like a fish out of water when you walk.
응, 걸을 때 어색해 보이네.

sleep like a log

세상모르고 자다

여보! 우리 애가
언제부터 통나무였지?

너무 피곤한 사람이 잠에 들면 통나무(log)처럼 움직이지 않죠?
또 자는 사람은 통나무처럼 무거워서 옮기기가 쉽지 않아요.
깊은 잠을 자거나 잠을 잘 자는 것을 말해요.
log 대신 baby를 써서 sleep like a baby라고도 말한답니다.
그는 죽은 듯이 자고 있어. He's sleeping like a log.

conversation

Did you hear the thunderstorm last night? It was very loud.
어젯밤에 천둥소리 들었어? 아주 컸는데.

I didn't hear anything. I usually sleep like a log at night.
아무 소리도 못 들었어. 내가 원래 밤에는 죽은 듯이 자거든.

smoke like a chimney

줄담배를 피우다

> 굴뚝이 있는 줄 알고
> 올라왔는데!

담배는 굴뚝(chimney)처럼 기둥 모양이에요.
비록 둘의 스케일의 차이는 엄청나지만요.
담배를 피우면 연기가 나는데 그걸 계속 피우면
꼭 불을 계속 피우는 굴뚝의 연기와 같을 거예요.
우리 아버지는 줄담배를 피우셔. My father smokes like a chimney.

Your hair smells like cigarettes.
너 머리에서 담배 냄새 나는 것 같아.

**I didn't smoke. But, the people at the meeting
smoked like a chimney!**
난 안 피웠어. 그런데 모임에서 사람들이 줄담배를 피우더라고!

fit like a glove

몸에 딱 맞다

장갑 모양으로 나온 신상 웨딩드레스랍니다.

장갑이 손에 딱 맞아야 편하고 일을 잘할 수 있겠죠?
어떤 것이 사이즈가 딱 맞다고 할 때 장갑처럼 맞는다고 말해요.
옷이나 신발이 주어이고, 그걸 착용하는 사람을 fit 뒤에 말해요.
그 옷 너한테 **딱 맞아.** That fits you like a glove.
이 신발 나한테 **딱 맞네.** These shoes fit me like a glove.

conversation

Nice shoes! Are they new?
신발 멋있는데! 새로 샀어?

Yeah, I bought them yesterday. I'm so glad they fit like a glove.
응, 어제 샀어. 딱 맞아서 좋아.

like a broken record

계속 같은 말을 되풀이하다

CD보다 더 오래된 레코드판은 턴테이블에 걸어야 소리를 들을 수 있어요.

이 턴테이블이 고장 나거나 레코드판이 잘못되면 계속 같은 소절만 나와요.

사람에 빗대면 같은 말만 계속한다는 의미가 되는 것이죠.

동사는 주로 sound를 써서 말해요.

너 계속 같은 말만 하는구나. You sound like a broken record.

I hate to sound like a broken record,
but please turn off the bathroom light after you're finished.
고장 난 레코드판처럼 계속 같은 말하는 게 싫지만 화장실 쓰고 나면 불 좀 꺼.

Didn't I turn it off? I'm sorry.
내가 또 안 껐어? 미안해.

dead as a doornail

완전히 죽은

대갈못이라고 대가리를 둥글넓적하게 만들어서
장식 겸용으로 쓰는 못을 doornail이라고 해요.
못을 구부리고 망치로 쳐서 문에 고정시킨 데서 비롯되었대요.
그 못은 빼서 다른 데 쓸 수가 없으니 못으로서는 수명을 다한 거예요.
마을 전체가 완전히 죽어 있었어. The whole village was dead as a doornail.

conversation

This town is really creepy.
There's not a single car or a person on the street.
이 도시는 정말 소름 끼치네. 길거리에 차 한 대도, 사람 한 명도 없어.

Yeah, it's dead as a doornail.
응, 완전히 죽어 있네.

hit the nail on the head

정곡을 찌르다

정곡을 찌르는 말을 할 때 못의 머리를 때린다고 해요.
못의 머리를 제대로 때려야 못이 똑바로 잘 들어가겠죠?
그렇지 않으면 못이 튕겨 나가거나 삐뚤어져서 버리고 다시 박아야 해요.
당신 말이 맞다고 할 때 You're right도 좋지만,
좀 더 강한 느낌으로 이렇게 말해보세요. You hit the nail on the head.

conversation

Tom is very smart. His answers always hit the nail on the head.
Tom은 정말 똑똑해. 그의 대답은 항상 정곡을 찔러.

I agree.
내 생각도 그래.

not the sharpest tool in the shed

똑똑하지 않은

shed는 농기구나 연장을 넣어두는 창고를 말해요.

여러 연장들 중에서 가장 날카롭지는 않다는 것은 기능이 떨어지는 편이라는 뜻이고,

사람에 비유하면 똑똑하지는 않다는 의미가 됩니다.

기민하고 총명한 사람을 sharp하다고도 하거든요.

그가 그중에서 제일 똑똑하지는 않지. He is not the sharpest tool in the shed.

conversation

Brian failed the test again. It was his third try.

Brian이 시험에서 또 떨어졌어. 이번이 세 번째 도전이었는데.

You know he's not the sharpest tool the shed.

I hope he can pass it next time though.

그가 그렇게 똑똑하지는 않잖아. 그래도 다음번에는 붙었으면 좋겠다.

wear the pants

(집에서) 주도권을 쥐다

사실 여자가 바지를 입기 시작한 건 얼마 되지 않았다고 해요.
1500년대 중반까지 여자는 치마만 입었다는 놀라운 사실!
그래서 남자의 전유물인 바지를 여자가 입는다는 말은
여자가 집에서 가장 노릇을 한다는 뜻이 되었어요.
너희 집에서는 누가 주도권을 잡고 있니? Who wears the pants in your family?

conversation

Why isn't Tim going out with us tonight?
왜 Tim은 오늘 밤 우리랑 안 가?

His wife didn't allow it.
You know who's wearing the pants in his family.
와이프가 허락을 안 했어. 그 집에서 누가 주도권을 쥐고 있는지 알잖아.

5. 비유로 태어난 이디엄

water under the bridge

지나간 일

다리 밑의 물은 멈추지 않고 흘러서 바다로 가요.

흐르는 물을 잡아둘 수 없듯이, 지나간 시간도 잡아둘 수 없어요.

그래서 이미 벌어진 일이나 벌써 지나간 일을 이렇게 비유해요.

그건 이미 지난 일이야. It's water under the bridge. 또는 It's the past.

과거는 잊어버려. Let go of the past.

conversation

I thought you and Jack didn't get along well with each other.
너랑 Jack은 서로 사이가 안 좋은 줄 알았는데.

Well, we have had our disagreements in the past,
but that's water under the bridge now.
예전에는 의견이 맞지 않았지만, 이제 그건 이미 지나간 일이야.

under the table

몰래

테이블 위가 아닌 테이블 밑이니 비밀리에(secretively) 하는 모습이에요.

뇌물 등 떳떳하지 못한 돈을 줄 때

테이블 밑으로 몰래 건네면 남들이 보지 못하겠죠?

주로 돈과 관련된 좋지 않은 일에 이 표현을 써요.

남들 몰래 그에게 돈 좀 쥐어주자. Let's give him some money under the table.

I hired a few employees and pay them under the table.
난 직원들을 몇몇 고용해서 몰래 월급을 줘.

That's not wise. You could get busted for tax evasion.
현명하지 않군. 그러다 탈세로 걸릴 수도 있어.

5. 비유로 태어난 이디엄

a slap on the wrist

가벼운 벌

우리말에 '솜방망이 처벌'을 내린다는 말과 같아요.
솜방망이를 맞으면 타격이 별로 없어 안 아파요.
손목을 찰싹하고 살짝 때리는 것이니까 아주 가벼운 벌칙이 되죠.
그건 솜방망이 처벌이야. It's a slap on the wrist.

conversation

I got caught speeding the other day,
but the cop just gave me a slap on the wrist.
며칠 전에 과속으로 잡혔는데 경찰이 가벼운 경고만 줬어.

What? That's not fair! I paid $150!
뭐? 불공평해! 난 150달러나 냈는데!

It's not rocket science.

어려운 문제가 아니다.

로켓은 세계 근대사에서 굉장한 기술이었죠!
미국에서 처음 로켓을 성공시킨 사람들은 독일의 군사기술자들이었다고 해요.
당시 미국에서 활약했던 천재 과학자 아인슈타인도 독일인이었죠.
그러니 미국인의 마음속에 로켓 과학이란 꽤 똑똑한 사람들이 하는 어려운 학문으로 각인
되었겠지요. 로켓 과학이 아니라는 것은 그 정도로 어려운 문제는 아니라는 뜻이에요.

conversation

Why does it take so long?
It's just a board game, not rocket science.
왜 이렇게 오래 걸려? 이건 그냥 보드게임이야, 어려운 과학이 아니라고.

I know. Just give me more time.
알아. 그냥 나한테 시간을 좀 더 줘.

Don't bite off more than you can chew.

감당 못할 일에 욕심 부리지 마라.

씹을 수 있는 것보다 더 많이 물지 말라.

감당하지 못할 일은 하지 말라는 뜻이에요.

옛날에는 담배를 지금처럼 불을 붙여 피우는 게 아니라 씹었다고(chew) 해요.

이 씹는담배를 권하면서 너무 욕심 부리지 말고

씹을 수 있는 만큼만 떼어 물라(bite off)고 말한 데서 유래했대요.

Of course I can organize the party. I always have, haven't I?

물론 내가 파티를 준비할 수 있지. 내가 항상 해왔잖아?

But you're extremely busy now.

Don't bite off more than you can chew.

하지만 너 지금 너무 바쁘잖아. 무리해서 하지 마.

have one's head in the clouds

공상에 잠기다

구름이란 땅 위의 인간이 닿지 못할 존재였어요.

그러니 불가능하거나 엉뚱한 생각을 하는 사람, 딴 데 정신이 팔린 사람에게, 머리를 구름 속에 넣고 있다고 표현하는 거예요. 헛된 공상이라는 의미에서 daydream과 비슷해요.

반대말로 균형 잡힌 머리라는 level-headed(현실적인)도 알아두세요.

그는 항상 공상에 사로잡혀 있어. He always has his head in the clouds.

I will master Japanese and Chinese within 6 months.
나 6개월 안에 일본어와 중국어를 마스터할 거야.

You definitely have your head in the clouds!
It takes a few years to master new languages.
뜬구름 잡기는! 새로운 언어를 배우는 건 몇 년은 걸리는 일이야.

a toss-up
반반의 가능성

당신 정보가 해킹됐어요.
그러니 천당 갈지, 지옥 갈지는
이 동전으로 결정합시다.

뭔가를 결정할 때 하는 동전 던지기를 tossup이라고 해요.

동전을 위로(up) 던지니까요(toss).

잡은 동전은 앞이 아니면 뒤가 나오겠죠? 그러니 반반의 확률인 거예요.

불확실하거나 가능성이 50대50일 경우에 쓰는 표현입니다.

어느 팀이 이길지는 반반의 가능성이 있어. It's a toss-up which team is going to win.

conversation

Who do you think will win the final match tonight?
Japan or Korea?
오늘 밤 결승전에서 한국하고 일본 중에 누가 이길 것 같니?

I think it is a toss-up. Both have been playing very well.
50대50인 것 같아. 둘 다 아주 잘하고 있거든.

a red flag
위험 신호, 화나게 하는 것

투우에서 사람이 휘두르는 빨간색 깃발에서 나온 표현이에요.

빨간색이 위험, 경고를 나타내는 색인 것은 만국 공통이죠.

소를 흥분시키듯, 사람을 화나게 하는 것을 뜻하기도 해요.

그의 전 여자 친구에 대해 말을 꺼내는 것은 위험해.

Talking about his ex-girlfriend is a red flag.

We should get out of the water.
우리 물 밖으로 나가야 해.

Oh, you're right. There's a red flag up.
오, 맞아. 경고기가 올라가 있네.

5. 비유로 태어난 이디엄

pick one's brain
~의 조언을 구하다

다른 사람에게서 정보나 조언 등을 구할 때
우리는 '머리 좀 빌리자'라고 하는 것과 비슷해요.
우리말에서는 빌린다고 하는데 영어에서는 집어낸다(pick)는 말로 표현하는 것이죠.
네 머리 좀 빌려도 될까? Can I pick your brain?
뒤에 for를 써서 무엇에 대해 조언을 구하는지 말할 수 있어요.

conversation

I spent a couple of hours with Jess
picking his brain for an idea about how to hold the event.
그 행사를 어떻게 열지 조언을 구하려고 Jess와 두어 시간 같이 있었어.

Did you get any good ideas?
좋은 아이디어 좀 얻었어?

pull the plug

생명유지장치를 떼다, 공급을 중단하다

플러그(plug)로 기기에 전원을 제공하는데
플러그를 당겨서 뽑는 것이니 전원을 차단하는 게 돼요.
생명유지장치의 플러그에 비유해서 사람의 생명유지장치를 떼는 것을 뜻하고,
또 자금의 공급을 중단할 때에도 이 표현을 써요.
누가 생명유지장치를 떼겠다는 결정을 하는가? Who decides to pull the plug?

conversation

If you were in a vegetative state,
would you like to be kept alive by machines?
만일 네가 식물인간 상태라면 기계에 의존해서 계속 생명을 유지하고 싶니?

No. I'd want my family to pull the plug.
아니, 가족이 생명유지장치를 뽑아주기를 원할 거야.

5. 비유로 태어난 이디엄

every walk of life

각계각층

각계각층, 다양한 직업 분야를 가리키는 말이에요.

사람이 살아가는 모습이나 방향은 흔히 길에 비유돼요.

우리는 각자 자신의 길을 걷는(walk) 것이고요.

all, different를 써서 all walks of life, different walks of life라고도 말해요.

각계각층의 사람들이 그 행사에 올 거야. Every walk of life will come to the event.

conversation

I'm surprised that Susan knows so many people.
Susan이 그렇게 많은 사람들을 알고 있다는 게 놀라워.

Her network is amazing!
She knows people from every walk of life.
그녀가 가진 인맥은 놀라워! 각계각층의 사람들을 알고 있지.

go the extra mile

더 많이 노력하다

여분의 마일을 더 가는 것은 무엇인가를 '더 하다,
노력을 더욱 기울이다'라는 의미가 됩니다.
성경의 마태복음 속 한 구절 If anyone forces you to go one mile,
go with them two miles.에서 나온 말이라고 해요.
여러분 모두가 더 노력하길 바란다. I hope all of you go the extra mile.

I apologized to Julia a few times, but she's still mad at me.
Julia한테 몇 번 사과했는데, 아직도 나한테 화가 나 있어.

You should go the extra mile to soothe her.
그녀를 달래려면 더 노력해야 할 거야.

5. 비유로 태어난 이디엄

go viral

입소문이 나다

인터넷상에서 바이러스처럼 급속하게 퍼지는 것을 말해요.

바이럴 마케팅(viral marketing)이라고 들어 보셨죠?

소비자들의 입소문으로 상품에 대한 긍정적인 반응을 전달하는 마케팅 기법이에요.

그 노래는 유튜브를 통해 급속히 퍼져나가고 있어.

The song has been going viral through Youtube.

How did he become famous so quickly?
그가 어떻게 그렇게 빨리 유명해졌지?

He recorded himself playing guitar,
put it on his website, and it went viral.
기타 치는 것을 녹화해서 자기 웹사이트에 올렸는데 그게 엄청나게 퍼져나갔어.

bend over backwards

최선을 다하다

여기서 일하게 된다면
I'll bend over backwards!

체조 선수나 되어야 할 수 있을 법한 꽤 기이한 자세지만,
뒤로(backwards) 구부리는(bend) 것은 앞으로 구부리는 것보다 훨씬 어렵죠.
그러니 엄청나게 노력한다는 뜻이 돼요.
그녀는 우리가 도움이 필요하면 최선을 다해.
She bends over backwards when we need help.

conversation

I'm kind of disappointed with Susan. She is so ungrateful.
나 Susan에게 좀 실망했어. 고마워할 줄 모르더라.

What happened? I know you bent over backwards
to help her when she was in trouble.
무슨 일이야? 그녀가 곤경에 빠졌을 때 네가 도와주려고 무진장 애를 쓴 걸로 아는데.

5. 비유로 태어난 이디엄

when push comes to shove

다른 방도가 없을 때

문을 밀려고(push) 하는데 안 열린다면 힘껏 밀치겠죠(shove)?

화장실이 급한데 이러한 상황이라면 아주 좋지 않은 상황이고요.

다른 모든 것들이 실패하고 이제 결정적 순간이 되어 뭔가 조치를 취해야 할 때를 말해요.

최악의 경우를 뜻하는 if worse comes to worst라는 표현도 있어요.

악화되면 파산을 선언할 거야. When push comes to shove, I'll declare bankruptcy.

conversation

What about our house? Should we keep it?
우리 집은 어떻게 하지? 계속 가지고 있어야 하나?

I think we'll have to sell it when push comes to shove.
상황이 악화된다면 팔아야 할 것 같아.

It takes two to tango.

손바닥도 마주쳐야 소리가 난다.

탱고는 파트너가 있어야 하는, 두 사람이 추는 춤입니다.

이 표현은 주로 나쁜 일에 대해 양쪽이 모두 책임이 있다는 의미로 써요.

Takes Two to Tango라는 노래에서 유래했는데, 가사가 이렇습니다.

There are lots of things that you can do alone. (But it) Takes two to tango.

혼자서 할 수 있는 일은 많아요. 하지만 탱고를 추려면 두 사람이 필요하답니다.

You can't just blame Lori for stealing your boyfriend.
You know, it takes two to tango.

네 남자 친구를 뺏었다고 Lori만 비난할 수는 없어. 손바닥도 마주쳐야 소리가 난다고.

I'm sure she seduced him!

그 애가 꼬신 거라니까!

5. 비유로 태어난 이디엄

steal one's thunder
~의 공을 가로채다

17세기 어느 극작가가 연출을 위해 인위적으로 천둥소리를 내는 장치를
처음 만들었는데, 그 연극은 실패해서 조용히 내렸다고 해요.
그런데 얼마 안 있어 다른 작가의 작품에서 그 천둥소리 기법이 사용되었고,
여기에 그 극작가는 "그들이 내 천둥을 훔쳤다!"며 분개했다고 합니다.
내 공을 가로챌 생각조차 하지 마. Don't even think about stealing my thunder.

conversation

I want to keep quiet about my pregnancy
because my sister is getting married this weekend.
동생이 이번 주말에 결혼하니까 내가 임신했다는 걸 말하고 싶지 않아.

I understand. You don't want to steal her thunder, right?
이해해. 동생에 대한 관심을 자기한테 돌리고 싶지 않은 거지?

close, but no cigar

간발의 차이로 놓친

옛날에 카니발 우승자에게 상으로 시가(cigar)를 주곤 했대요.
close는 가깝다는 뜻인데, 시가에 가까이 갔지만 못 받은 것이니까
우승할 뻔했지만 아슬아슬하게 실패한 것을 말해요.
어떤 것을 거의 이룰 뻔 했지만 이루지 못한 경우에 쓸 수 있어요.
아주 비슷하지만 정답은 아니야. Close, but no cigar.

Did she pass the driver's license test this time?
그녀가 이번에는 운전면허시험에 통과했대?

Close, but no cigar.
She needed a score higher than 80, but she only got 78.
아니, 간발의 차이였어. 80점 이상 받았어야 했는데 78점 받았어.

6. 이야기가 있는 이디엄

a taste of one's own medicine

자업자득

가짜 약을 팔던 구두수선공이 자신이 아프자 자기가 만든 약을 못 먹고
그때서야 자기 죄를 자백했다는 이솝 우화에서 나온 표현이에요.
자기가 한 짓 그대로 당한다는 뜻이지요.
상습적으로 돈을 빌리고 안 갚는 사람이 막상 자기가 빌려준 돈을 못 받고 있다면,
You're getting a taste of your own medicine.이라고 말할 수 있겠네요.

 conversation

Are you still getting ready? We'll be late for the movie.
아직도 준비하고 있어? 우리 영화에 늦어.

It's always you who takes a long time to get ready.
Now, how do you feel getting **a taste of your own medicine**?
준비하는 데 오래 걸리는 건 언제나 너잖아. 이제 뿌린 대로 거둔다는 게 뭔지 알겠지?

between a rock and a hard place

진퇴양난에 빠져서

돌과 딱딱한 장소 사이, 말 그대로

두 가지 상황 모두 좋지 않은 딜레마에 빠진 모습이에요.

이 표현은 1900년대 초 미국에서 구리를 캐는 광부와 광산 회사 사이의 분쟁에서

유래했다고 해요. rock은 광산업과 관련이 있는 단어죠?

나 이러지도 저러지도 못하는 상황에 있어. I'm in between a rock and a hard place.

conversation

I'm really between a rock and a hard place.
Michael asked me out, but he's the one that my friend has a crush on.
나 진퇴양난에 빠졌어. Michael이 나한테 데이트를 신청했는데, 내 친구는 그에게 반해 있거든.

What do you think about him?
너는 그를 어떻게 생각하는데?

turn a blind eye
못 본 체하다

안 보이는 눈(blind eye)이니까 눈앞의 현실을 못 본 척, 안 보이는 척,
모르는 체하는 게 돼요. 영국의 넬슨 제독은 한쪽 눈이 안 보였는데,
전쟁 중에 공격을 멈추라는 신호를 보고도 망원경에 안 보이는 눈을 갖다 대서
그 신호를 못 본 척 무시했다고 해요. 주로 to를 써서 못 본 척하는 대상을 말해요.
저 불쌍한 개를 못 본 척 할 수가 없어. I can't turn a blind eye to the poor dog.

conversation

Are you sure we can park here?
정말 여기에 주차해도 괜찮아?

Technically we can't, but the authorities usually turn a blind eye.
엄밀히 말하면 안 되는데, 관계자들이 대부분 모르는 척해.

kick the bucket

죽다

잠깐! Don't kick the bucket!
전화 좀 받고!

여러 가지 설이 있지만, 16세기 영국에서는 bucket이 양동이를 뜻하는 게 아니라,
도살장에 가축을 매달아 놓는 기둥을 뜻했대요.
가축이 죽기 전 몸부림이나 경련으로 인해 기둥을 차는 데서 이런 표현이 생겼다고 해요.
우리말에 '밥숟가락 놓다'라는 말과 뉘앙스가 비슷해요.
점잖은 표현은 아니니 평상시에는 pass away, die를 쓰는 게 좋겠어요.

conversation

Did you hear that Mr. Park kicked the bucket last night?
어젯밤에 Park씨가 죽었다는 소리 들었어?

Yeah, I did. He died of a heart attack.
응, 심장마비였어.

caught red-handed

현장에서 잡힌

이번에는 뭔 짓을 한 거야?

He got caught red-handed eating my lipstick!

지금도 그렇지만, 옛날에는 가축이 큰 재산이었어요.
그래서 자기 소유가 아닌 가축을 도축하면 처벌을 받는 법이 있었는데,
가축의 피가 손에 묻어 있는 사람을 처벌을 했다고 해요.
범죄 현장에서 피 묻은 손으로 잡히는 것이니까 현행범으로 체포된다는 의미지요.
비슷한 표현으로 caught on the spot도 있어요.

conversation

Did you hear that Tom got caught red-handed
cheating on his wife?
Tom이 와이프 몰래 바람피우다가 딱 걸렸다는 얘기 들었어?

Yes, I did. I can't believe he's cheating on her!
응. 그가 바람을 피우다니 믿을 수가 없다!

Cat got one's tongue?

꿀 먹은 벙어리야?

옛날 영국 해군이 체벌에 쓰던 채찍을 '꼬리가 아홉 달린 고양이'라고 했대요.
아홉 가닥으로 된 이 채찍으로 맞으면 심각하게 아파서,
사람이 한동안 말을 잃을 정도였다고 해요.
Has를 써서 Has the cat got your tongue?이라고 말할 수도 있어요.

How's your new born baby? I haven't seen her picture yet.
Hey! What's the matter? Has the cat got your tongue?
아기는 어때? 아직도 아기 사진을 못 봤네. 야! 왜 그래? 꿀 먹은 벙어리라도 됐어?

What did you say? I'm sorry. I'll put my phone down.
뭐라고 했어? 미안해. 전화기 그만 내려놓을게.

beat around the bush

빙빙 돌려 말하다

야! Quit beating around the bush! 나를 어떻게 할 셈이야!

중세시대의 귀족들 사이에서는 사냥이 꽤 인기 있는 스포츠였어요.
사냥법 중 하나가 수발을 드는 사람들이 덤불(bush) 주변을 긴 막대로 치는 거예요.
그러면 겁에 질린 새들이 날아가고,
그때서야 귀족들은 날아가는 새를 향해 총을 쏘는 것이죠.
그러니 덤불 주변을 치는 행위는 총을 쏘는 행위(핵심)를 위한 수단인 것이지요.

conversation

Why are you speaking in such a roundabout way?
What's the point?
왜 그렇게 애매하게 말하세요? 요지가 뭐예요?

Okay. I'll quit beating around the bush. You're fired.
알겠어요. 돌려 말하지 않을게요. 당신은 해고예요.

wear one's heart on one's sleeve

감정을 그대로 드러내다

중세시대 기사들의 마상 시합 때에는
사모하는 여인이 준 손수건을 팔에 묶고 경기를 했대요.
그 후 마음을 옷소매에 단다는 말은 자기 감정을 감추지 않고 드러낸다는 뜻이 되었어요.
그는 솔직해서 감정을 그대로 드러내.
He's so frank. He wears his heart on his sleeve.

Kate, haven't you noticed that he has a crush on you?
He wears his heart on his sleeve!
Kate, 그가 너한테 반한 것 정말 눈치 못 챘어? 감정을 그대로 드러내잖아!

Oh, I didn't notice that. I just thought he was kind to everybody.
눈치 못 챘어. 모두에게 친절한 사람이라고만 생각했지.

a dime a dozen

흔해 빠진

dime은 10센트고 dozen은 12개니까, 12개에 10센트밖에 안 하는 거예요.
옛날에는 계란이나 사과를 팔면서 a dime a dozen이라고 광고했대요.
싸다는 걸 부각하는 광고지요. 싸기 때문에 흔해도 너무 흔한,
지극히 평범해서 큰 가치가 없는 것을 가리킬 때 쓰는 표현이에요.
그런 돌은 여기서 흔해 빠진 거야. Those rocks are a dime a dozen around here.

I know your heart is broken, but stop crying.
A guy like him is a dime a dozen.
가슴 아픈 것은 알겠지만 그만 울어. 걔 같은 남자는 쌔고 쌨다.

Do you really think so?
정말 그렇게 생각해?

face the music

벌을 받다

불명예제대를 하는 군인에게는 드럼을 연주해주는 관습이 있었다고 해요.

이 드럼 연주는 음악(music)이고, 이를 직시하는(face) 것이니까

자기가 잘못한 일에 대해 책임을 지고 벌을 받는 게 돼요.

내 행동의 책임을 질게. I will face the music.

누가 책임지고 벌 받을래? Who's going to face the music?

I can't see Jack. I just dropped his new phone and broke it.
Jack을 못 보겠어. 내가 걔 새 전화기를 떨어뜨려서 깨트렸거든.

You can't hide from him forever.
Tell him the truth and face the music.
평생 피해 다닐 수는 없어. 가서 사실을 말하고 벌을 받아.

a baker's dozen

13개

13세기 영국에서는 빵의 무게를 속여 파는 빵집들이 있었대요.
그래서 이런 빵집들은 처벌을 받았는데, 무게를 정확히 재는 도구가 없던
그 시절에 의도하지 않게 무게를 속이는 상황을 피하기 위해,
손님이 빵 12개(dozen)를 주문하면 빵 하나를 더 줬다고 해요.
그러니 빵집에 가면 dozen은 빵 13개 가리키는 말이 되었어요.

conversation

How many doughnuts would you like?
도넛 몇 개 드릴까요?

A baker's dozen, please.
13개 주세요.

mind one's p's and q's

언행을 조심하다

예전에는 종이에 글자를 인쇄할 때 철자에 맞춰 알파벳 조각들을 하나씩 배열했어요.

알파벳 p와 q가 비슷한 모습이기 때문에

서로 혼동하지 않도록 조심하라는 데서 왔다는 설이 있어요.

그리고 또 다른 설로, 술집에서 외상으로 술을 주문하는데,

잔이 파인트(pint)인지, 쿼트(quart)인지 잘 구분해서 적으라는 데서 왔다고도 해요.

conversation

Remember this dinner is very important. So, mind your p's and q's.
이 저녁식사는 아주 중요해. 그러니까 말과 행동을 조심해.

Don't worry. I'll never make the same mistake as last time.
걱정 마. 지난번과 같은 실수는 절대 하지 않을 거야.

cost an arm and a leg

너무 비싸게 사다

어떤 물건이 터무니없이 비쌀 때 쓰는 표현이에요.

전쟁 중에 팔과 다리를 잃은 군인들이 나라를 위해

너무 비싼 대가를 치렀다는 데서 나온, 슬픈 표현이에요.

같은 뜻으로 pay through the nose라는 재미있는 표현도 있어요.

물건 값을 코를 통해 지불했다는 게 바가지를 썼다는 말이에요.

conversation

Wow! You're still driving that old car!
와! 너 그 오래된 자동차를 아직도 몰고 있네!

Yeah, I'd like to buy a new one,
but it would cost me an arm and a leg.
응, 새 차를 사고 싶은데 너무 비싸겠지.

a shotgun wedding

급히 치르는 결혼식

옛날에 남자가 여자를 임신시켜 놓고 결혼을 주저하면

여자의 아버지가 장총을 들고 나타나 남자에게 결혼을 강요한 것에서 유래했다고 해요.

혼전임신을 우리말로는 '속도위반'이라고 하죠?

요즘은 속도위반이 문제가 되지 않지만 옛날에는 이러쿵저러쿵 얘기했죠.

다른 말로 shotgun marriage라고도 해요.

Did you hear that Brian and Julia are getting married this weekend?

Brain하고 Julia가 이번 주에 결혼한다는 얘기 들었어?

Yeah, it looks like a shotgun wedding.

응, 속도위반으로 하는 결혼 같아.

ride shotgun

차의 조수석에 타다

미국의 서부개척시대에는 마차의 마부 옆자리에 총을 든 사람이 타서
만일에 있을 수 있는 공격에 대비했다고 해요. 정말 살벌한 시대였죠?
요즘에는 이런 식으로 대비할 일은 없으니
그냥 운전석의 옆자리에 탄다는 의미가 됐어요.
내가 조수석에 탈게. I will ride shotgun.

conversation

I'll go buy some beer.
Why don't you come along and ride shotgun?
가서 맥주 사올게. 옆자리에 타고 같이 가는 게 어때?

Okay. I was about to go to the liquor store anyway.
그래, 나도 술 사러 가려던 참이었어.

bite the bullet

싫어도 이를 악물고 참다

미국 남북전쟁 때 군인들이 총에 맞으면 변변한 마취제 없이
몸에 박힌 총알을 빼야 했다고 해요.
대신 군의관들은 부상병에게 총알을 이에 물게 해서
고통스러운 수술에 집중하지 못하도록 했대요.
그래서 총알을 무는 것은 고통을 참고 하기 싫은 일을 한다는 의미가 돼요.

conversation

I hate working overtime on Friday night.
금요일 밤 야근이 정말 싫어.

Same here, but I guess we have to bite the bullet
and do what we have to do.
나도. 하지만 싫어도 참고 해야 할 일은 해야겠지.

get the show on the road

시작하다

내가 말한 건 이런 뜻이 아니었는데.

1900년대 초 미국에서는 전국을 돌며 서커스, 연극 등을 하는 유랑극단이 인기였어요.
길 위에 쇼를 가져간다는 말은 이런 유랑극단이
장소를 옮겨 가면서 공연을 하던 것에서 비롯된 표현 같아요.
지금은 공연을 한다는 뜻뿐만 아니라 일을 시작하자고 할 때 많이 써요.
자, 이제 시작할 시간이야. Now, it's time to get the show on the road.

conversation

If everybody is ready, let's get the show on the road!
모두 준비되었으면 이제 출발하자!

Right. Let's hurry. We don't have all day.
그래. 서두르자. 이러고 있을 시간이 없어.

leave no stone unturned

모든 방법을 동원하다

고대 그리스 장군이 전쟁에서 패하면서 보물을 숨겨놓았는데,
델파이의 오라클(신의 말씀)이 보물을 찾는 사람들에게
모든 돌을 다 들춰보라고 했대요.
그래서 돌려놓지 않은 돌이 없도록 하는 것은
모든 수단과 방법을 총동원한다는 의미가 되었어요.

He lost his little sister during the war.
Since then, he has left no stone unturned to find her.
그는 전쟁 중에 여동생을 잃어버렸어. 그 후 여동생을 찾기 위해 모든 노력을 기울였지.

So, has he found her yet?
그래서 찾았어?

on the house
공짜인

옛날 영국에서는 여관을 운영하는 사람들이 술집도 같이 했는데
이런 집을 house라고 불렀어요.
술을 마시느라고 돈을 많이 쓴 손님에게는 숙박이 무료로 제공되었대요.
free, free of charge와 같은 말이에요.
이 술은 공짜입니다! This drink is on the house!

conversation

Congratulations!
You're the thousandth customer at this restaurant!
축하합니다! 이 식당의 천 번째 손님이십니다!

Oh, that means the dinner is on the house, right? Yay!
아, 그 말은 저녁이 공짜라는 말이죠? 앗싸!

It beats me.

전혀 모르겠어.

285

모르겠다고 할 때 I don't know, I have no idea, I have no clue.

그리고 It beats me.가 있어요. 이 말을 했다고 정말 때리면 안 되겠죠?

It을 빼고 Beats me.라고도 할 수 있어요.

정보를 캐내려는 적군에게 Even if I was beaten, I wouldn't know.

'때려 죽여도 나는 모른다'고 한 데서 비롯됐대요.

When are we supposed to go visit Grandma and Grandpa?
우리 언제 할머니, 할아버지 뵈러 가기로 했지?

Beats me.
모르겠는데.

887887889688788898968878888896

Go figure.

이해가 안 가, 이상해.

figure는 숫자, 모양, 인물, 그리고 동사로 '이해하다'의 뜻도 있어요.
Go figure.를 직역하면 '가서 이해해라,
난 잘 모르겠으니 네가 이해해봐'라는 뜻이지요.
그는 전에는 돈이 그렇게 많더니 지금은 빈털터리야. 알다가도 모르겠어.
He had so much money before, but now he's broke. Go figure.

**My car just stopped in the middle of the intersection yesterday.
It wouldn't start no matter what I did.**
어제 차가 교차로 한가운데서 그냥 멈추더라고. 내가 무슨 짓을 해도 시동이 안 걸렸어.

But now it works fine. Go figure, right?
그런데 지금은 잘 굴러가네. 알다가도 모를 일이야, 그렇지?

I'm game.

나도 할래.

game은 놀이, 경기로 흔히 알고 있어서,
형용사로서의 의미가 있다는 것을 모르는 분들도 많을 거예요.
'기꺼이 하려고 하는(willing), 준비가 된(ready), 관심이 있는(interested)'의 뜻도 있고,
그래서 be game이라고 하면 동참한다는 의미가 돼요.
너도 같이 할래? Are you game?

conversation

I'm going shopping this afternoon. Do you want to come?
오늘 오후에 쇼핑하러 갈 거야. 같이 갈래?

Sure. I'm game.
그래. 같이 가.

Knock it off!

그만해!

4월의 소나기가
5월의 꽃을 부른다네!

Knock it off!

귀찮거나 성가신 일을 그만두라고 할 때 쓸 수 있는 표현이에요.
Quit it!이나 Stop it!이라고도 말할 수 있어요.
경매에서 경매가가 낙찰이 되었을 때 이제 입찰을 그만하라는 의미로
경매인이 Knock it off!라고 말한 데서 유래했다고 해요.

conversation

Where have you been?
너 어디 있었니?

The neighbor kid was still playing drums at midnight,
so I went over there and told him to **knock it off**.
이웃집 애가 한 밤중에 드럼을 연주하고 있어서 가서 그만하라고 말했지.

Knock on wood!

행운이 계속되길!

나무로 된 것을 두드리면 나쁜 기운이 들어오지 못한다는 미신에서 비롯된 표현이에요.
지금까지 잘되었고 앞으로도 잘되길 바랄 때 Knock on wood!라고 말해요.
무슨 말을 하고 주변에 나무로 된 것을 찾아 두드리는 행동을 하는 거죠.
지금까지 나는 차 사고 한 번 나지 않았어. 계속 사고가 안 나기를.
I haven't had any car accident so far - knock on wood.

I haven't caught a single cold this year—knock on wood.
올해 한 번도 감기에 걸리지 않았어. 이 운이 계속 되길.

Good for you. I've been sick a few times already.
잘됐네. 난 이미 여러 번 앓았는데.

Break a leg!

행운을 빌어!

이 표현의 유래에 대해서는 여러 가지 설이 있는데,
그중 하나는 한 연극배우가 무대에 오르기 전에 다리가 부러졌는데
그 연극이 대박이 난 데서 왔다고 해요.
주의할 것은 Break your leg.라고 말하면 정말 다리나 부러지라는 뜻이 되니
꼭 a leg라고 말해야 한다는 것! Good luck! 대신에 Break a leg!라고 말해보세요.

conversation

I have a job interview tomorrow morning. I'm nervous.
나 내일 취업 면접이 있어. 떨려.

I'm sure you will do well. Break a leg!
네가 잘할 거라고 믿어. 행운을 빌어!

Way to go!

잘한다, 바로 그거야!

잘한다고 격려하거나 용기를 줄 때 Good job!
이것과 비슷한 표현이 Way to go!예요.
스포츠 경기를 응원할 때 우리나라에서는 '파이팅!'이라고 하지만
영어로는 Go!라고 하거든요.
독수리팀, 파이팅! Go! Eagles!

conversation

I fixed the bike. You don't have to spend $300 to fix it.
내가 자전거 고쳤어. 수리하는 데 300달러를 쓰지 않아도 돼.

Way to go! You're so handy.
잘했다! 넌 참 손재주가 뛰어나.

7. 회화에서 자주 쓰는 이디엄

Chill out.

진정해, 침착해.

냉기가 있고 시원한 것을 chill하다고 해요.

그리고 느긋하게 쉬는 모습을 chill로 표현하기도 해요.

out은 이런 동사를 강조하는 역할을 하고요.

열 받아서 씩씩거리는 친구에게 그 열기를 좀 식히라는 의미로

Chill out. 또는 Chill!이라고 말할 수 있어요.

How do I look? Is my makeup too much?
Am I dressed too casual?
나 어때? 화장이 너무 진한가? 옷을 너무 평범하게 입었나?

Hey, chill out. We're just hanging out with my friends.
야, 진정해. 그냥 내 친구들하고 어울리는 자리잖아.

Look, who's talking.

사돈 남 말 하네.

누가 누구 얘길 하냐는 비난조의 말이에요.

Look 다음에 한 박자 쉬고 말끝을 내려서 말해요.

당신은 그런 말 할 자격이 없다는 의미로, You can't talk.라고도 말할 수 있어요.

A: 너 담배 끊어야 해. You should quit smoking.

B: 사돈 남 말 하네. 너는 골초잖아. Look, who's talking. You smoke like a chimney.

conversation

Hey, it's almost 11 o'clock, but you're still in bed.
You're too lazy.

거의 11시인데 아직도 잠자리에 있다니. 넌 너무 게을러.

Look, who's talking. I know you just woke up.

사돈 남 말 하네. 너 방금 일어난 거 다 알아.

Speak of the devil.

호랑이도 제 말 하면 온다더니.

악마에 대해 이야기하면 악마가 나타난다.
Speak of the devil and he shall appear.를 줄인 말이에요.
악마는 사람들이 두려워하는 존재, 옛날 우리나라 사람들은 호랑이를 무서워했죠.
누군가에 대해 이야기하고 있는데 바로 그 사람이 딱 등장할 때 써요.
호랑이도 제 말 하면 온다더니, 저기 Paul 온다. Speak of the devil, here comes Paul.

Have you seen Julie today? I have something to give to her.
오늘 Julie 봤니? 그 애한테 줄 게 있는데.

Oh, speak of the devil, here she comes.
호랑이도 제 말 하면 온다더니, 여기 온다.

Lighten up.

가볍게 받아들여.

빛, 조명을 뜻하는 light는 가벼운 것, 밝은 것을 뜻하기도 해요.
여기에 -en을 붙이면 '가벼워지다, 밝히다'라는 의미가 돼요.
이어지는 up은 이런 동사의 뜻을 더욱 강조하고요.
Relax, Chill out, Don't be so serious.와 같은 의미예요.
야, 너무 심각하게 생각하지 마. Hey, just lighten up.

conversation

Mom, James is annoying me.
엄마, James가 짜증나게 해요.

Lighten up. Your brother just wants to play with you.
진정해. 동생은 그냥 너랑 놀고 싶은 거야.

7. 회화에서 자주 쓰는 이디엄

Behave yourself.

예의 바르게 행동해.

behave 자체가 처신을 제대로 하는 것을 뜻해요.
-self와 만나서 얌전히 행동하라는 의미가 됩니다.
어른들이 아이들에게 자주 하는 말이지요?
A: 너 얌전히 있어. You have to behave yourself.
B: 저 얌전히 있었어요. I behaved myself.

conversation

I'm going out with Jim and Scott tonight.
I'll probably come home late.
오늘 밤에 Jim랑 Scott하고 외출해요. 아마 집에 늦게 올 거예요.

You'd better behave yourself. I know how you guys like to party.
행동 똑바로 하는 게 좋을 거야. 너희들이 어떻게 노는지 알고 있다.

Been there, done that.

다 겪어봤지.

이런 스타일은
어떠세요,
할머니?

Been there, done that.

Have been there, and have done that.을 줄인 말이에요.

거기 있어봤고, 그것도 해봤다는 것은

이미 다 경험해 봐서 익숙하고 식상하다는 뜻이에요.

비슷한 표현으로 have had enough(충분히 해봤다)가 있어요.

나는 다 해봤지. I've been there, done that.

conversation

Wouldn't you just love to have another baby?
아기를 또 갖고 싶진 않으세요?

Been there, done that.
다 해봤어요.

Fair enough.

괜찮네, 말 되네.

운동 경기에서 fair play라는 말을 자주 쓰지요? fair는 공정한 것을 뜻해요.

상대의 말에 동의하거나 수락할 때 이 말을 할 수 있어요.

예를 들어, 식당에서 밥 먹고 계산할 때 이런 대화가 있을 수 있어요.

A: 저번에 네가 샀으니까 이번엔 내가 살게. You paid last night. It's on me this time.

B: 그래, 공정하네. Fair enough.

If you cook supper, I will do the dishes. Okay?
네가 저녁 요리하면 내가 설거지할게. 알았지?

Fair enough.
그래, 그러자.

Get out of here.

말도 안 돼.

여기에서 나가라는 말로 들리지만, 믿을 수 없는 일에 웃기지 말라는 의도로도 말해요.
It doesn't make sense.라고도 할 수 있지만
친한 사이에는 Get out of here!가 더 자연스러워요.

A: 복권 당첨되었어. 이제 난 백만장자야! I won the lottery. I'm a millionaire now!

B: 말도 안 돼! Get out of here!

James became a professor of a university in Hawaii!
James가 하와이에 있는 대학의 교수가 되었어!

Get out of here! He was not an academic type at all.
말도 안 돼! 그 애는 전혀 학구적인 타입이 아니었는데.

Give me a break.

좀 봐줘, 믿을 수 없어.

나에게 휴식(break)을 달라는 것은 날 좀 봐달라는 뜻이에요.
너무 바쁘고 정신이 없는 상황에 처했을 때 숨 좀 돌리게 해달라는 말이지요.
또 상대방이 말도 안 되는 말을 하면, 믿을 수 없다고 할 때에도 쓸 수 있어요.

A: 여기. 내일까지 해야 해. Here. It's got to be done until tomorrow.

B: 제발 저 좀 봐주세요. Oh, please! Give me a break.

Do you really have to go on and on?
Give me a break! That's enough nagging.
정말 계속해야겠어? 그만 좀 해! 잔소리도 그만하면 충분해.

Fine! I'm tired of nagging you as well.
좋아! 나도 너한테 잔소리하는 데 질렸어.

Rise and shine.

어서 일어나.

아침에 해가 떠서(rise) 반짝이니(shine),
일어나서 하루를 시작하라는 밝고 긍정적인 표현이에요.
가족 같이 친근한 사이에 잠을 깨우는 말입니다.
노래하는 듯한 어조로 다정하게 말해요.
Wake up!이라고 해도 되고, 귀엽게 Wakey, wakey.라고도 말할 수 있어요.

conversation

You're still in bed? Rise and shine, sleepy head!
너 아직도 잠자리에 있어? 어서 일어나, 이 잠꾸러기야!

What time is it?
몇 시에요?

Sleep tight.

잘 자.

잘 자라는 인사말 Good night, Sleep tight.를 간단히 이렇게 말해요.
예전에는 매트리스가 흘러내리지 않게 자기 전에 줄로 잘 매야 했대요.
줄이 타이트하게 받쳐줘야 잠을 편하게 자겠지요?
같은 말로 Sleep well.이 있어요.

conversation

I should go to bed now. Sleep tight everyone.
이제 난 자러 가야겠다. 모두 잘 자.

Sleep well. See you in the morning.
잘 자. 아침에 보자.

Sit tight.

꼼짝 말고 있어.

어떤 행동도 취하지 말고 참을성 있게 기다리라는 의미예요.

제자리에 꼼짝 말고 있으라는 뜻이죠.

Sit still. 또는 Stay put.이라고도 말할 수 있어요.

still은 움직임이 없는 것을 의미하고, put은 놓인 모습을 뜻하니

모두 Sit tight.와 같은 말입니다.

conversation

You didn't forget the keys again, did you?

너 열쇠 잊어버리지 않았지?

Sit tight. I'll be right back.

꼼짝 말고 있어. 바로 돌아올게.

That'll be the day.

행여나 그러겠다.

그런 일은 절대 일어나지 않는다,

즉 That will never happen.이라는 의미예요.

반어적으로 That will be the day worth waiting for.라고 하는 것과 같아요.

우리의 '내 손에 장을 지진다'는 말과 비슷해요.

conversation

Mike said he'd quit smoking and drinking.

Mike가 담배랑 술을 끊는대.

That'll be the day! I bet he can't.

퍽이나 그러겠다! 못 한다고 장담해.

That's a wrap!

이걸로 끝이에요!

> That's a wrap!
> 수고했어요, 모두!

영화 용어에서 나온 표현이에요.

a wrap은 그날의 촬영이 끝났다는 의미예요.

뭔가를 둘둘 말아서 포장하는 걸 wrap이라고 하는데,

촬영이 끝났으니 이제 현장의 짐을 모두 싸자는 뜻이라고 보면 돼요.

이 의미가 확장되어, 일상에서도 일을 끝내고 다들 수고했다는 의미로 말해요.

conversation

You've learned and practiced English idioms! **That's a wrap!**
여러분은 영어 숙어를 배우고 연습했어요. 이걸로 끝이에요!

I've really learned a lot. Thanks!
정말 많이 배웠어요. 감사합니다.

one's best bet

가장 확실한 방법

306

내 말 믿어요. Kissing me is your best bet to become a princess!

꽤 괜찮은 베팅인데…?

보통 자기 돈을 걸 때에는 확실한 것에 걸려고 하잖아요.

그래서 최고의 배팅(best bet)은 가장 확실한 방법을 뜻해요.

너한테 가장 확실한 방법은 온라인으로 사는 거야. Your best bet is to buy it online.

참고로 I bet ~은 I'm sure ~를 뜻해요.

You bet.이라고 하면, Sure, Certainly, Of course.와 같은 말이에요.

conversation

I think we'll get stuck in traffic if we take a taxi.
The best bet is to take the subway.

택시를 나면 교통체증에 딱 걸릴 거야. 가장 확실한 방법은 지하철을 타는 거지.

I think you're right. Let's go.

네 말이 맞는 것 같아. 가자.

get down to business

일에 착수하다

뉴턴, can we get down to business now?

get down은 말 그대로 내려간다는 의미에서
본론으로 들어간다는 의미로 확장되었어요.
사업(business)은 장난으로 하는 것이 아니죠?
get down to business는 get serious의 의미도 담고 있어요.
이제 진지하게 본론으로 들어갑시다. Let's get down to business.

conversation

No more chitchatting! We don't have much time left.
이제 잡담은 그만! 시간이 별로 없어요.

Okay. Let's get down to business! Where should we start?
알았어요. 진지하게 일을 시작합시다! 어디부터 해야 하죠?

8. 말 그대로 이해하는 이디엄

pull off

해내다, 잘 소화하다

> Honey, I don't think I can pull off any of these dresses.

영국의 경주마 경기에서 pull away라고 하면 앞서 나간다는 뜻이거든요.

pull off는 '해내다(manage to succeed)'의 뜻을 갖고 있어요.

그 일은 어떻게든 오늘 안으로 해볼게. Somehow I will try to pull it off by today.

또, 새로운 스타일로 옷을 입어봤는데 제대로 소화한 것 같지 않을 때 이렇게 말해요.

I don't think I can pull it off.

conversation

Why don't you cut your bangs short like her?
그 여자처럼 앞머리를 짧게 자르지 그래?

I don't think I can pull off short bangs.
난 짧은 앞머리는 잘 소화하지 못하는 것 같아.

ask for it

그럴 만하다

ask for는 요청하는 모습이에요.

비난조로는 제 스스로 끌어들인 일이니 당해도 싸다는 말이에요.

좋은 의미로는 그럴 자격이 있다며 칭찬하고 격려할 때 써요.

(부정적으로는) 너 당해도 싸. (긍정적으로는) 네겐 그럴 자격이 있어.

You asked for it. 또는 You deserved it.

The tax office just ordered me to pay a huge fine.

세무서에서 방금 나한테 엄청난 벌금을 내라고 했어.

I told you that you should've been more careful
with the tax forms. You asked for it!

내가 세금양식 작성할 때 좀 더 신중하라고 했잖아. 넌 그래도 싸!

8. 말 그대로 이해하는 이디엄

see it coming

(나쁜 일이) 일어날 것을 알다

> 어젯밤에 수박을 많이 먹더라니.
> I saw it coming.

주로 나쁜 일이 일어날 것이라는 것을 안다는 의미로 쓰여요.

it이 아닌 다른 말도 올 수도 있어요.

이런 일이 일어날 줄 알았어. I saw this coming.

이 회사는 문 닫을 줄 알았어. We saw this company shutdown coming.

conversation

Oh, my gosh! What happened to you?
세상에! 너 무슨 일이야?

I was robbed on the way home! I didn't see it coming.
집에 오다가 강도 당했어. 이런 일이 생길 줄은 몰랐어.

hold up

견디다

hold up은 견디는 모습, endure의 의미예요.

How are you holding up?이라고 하면 잘 견디고 있는지 안부를 묻는 말이에요.

난관에 봉착한 사람에게 Hang in there! You can do it!이라고 말하는데,

이 말은 넌 할 수 있으니 매달려서 참고 버티라는 응원의 말이에요.

참고로 Hold your horses.라고 하면 급하게 굴지 말고 참을성 있게 기다리라는 뜻이에요.

How are you holding up?
어떻게 지내고 있어?

I'm okay, I think. I can finally sleep well at night.
괜찮은 것 같아. 이제야 밤에 잘 자기 시작했어.

stick to
~를 고수하다

stick은 찰거머리처럼 끈기 있게 달라붙는 모습이에요.

물리적으로 달라붙을 때에도 쓰지만, 생각을 고수하거나 입장을 지킨다는 의미로도 써요.

처음에 계획했던 대로 하자. Let's stick to our first plan.

비슷한 표현으로 반대를 무릅쓰고 자기 입장을 고수할 때 stick to one's guns라고 해요.

나는 내 소신껏 밀어붙일 거야. I will just stick to my guns.

The bean paste stew in this restaurant tastes really good.
이 식당의 된장찌개는 정말 맛있어.

It's because the chef **sticks to** the traditional recipe
to make her own bean paste.
요리사가 자신만의 된장을 만드는 데 전통 요리법을 고수해서 그래.

fight a losing battle

지는 싸움을 하다

이 말은 아무리 노력해도 실패할 것이 자명하다는 의미예요.

전투(battle)에서는 모두가 이기려고 하지, 지려고 싸우지는 않아요.

losing battle은 열심히 해도 어차피 질 게 뻔한, 승산이 없는 싸움을 말해요.

헛된 노력을 할 때 이렇게 말할 수 있겠죠.

난 질게 뻔한 싸움을 하고 싶지 않아. I don't want to fight a losing battle.

What? Is Sonia going to get more plastic surgery? Is she crazy?
뭐? Sonia가 성형수술을 더 한다고? 미쳤나봐!

Well, she's doing everything to keep herself looking young.
She will realize that she was fighting a losing battle in the end.
젊어 보이려고 무슨 짓이든 하고 있지. 결국 지는 싸움이라는 걸 알게 될 거야.

8. 말 그대로 이해하는 이디엄

push one's luck

계속 요행을 바라다

꼬맹아, don't you think you're pushing your luck?

push는 힘으로 밀어붙이는 모습이에요.

운을 밀어붙이는 것은 자기 운을 과신하고 그대로 밀고 나간다는 것입니다.

과욕을 부려서 오히려 일을 망칠 수도 있는데도 말이지요.

내가 너무 운을 믿었지. I pushed my luck too much.

너무 네 운을 믿지 마. 그러다 큰 코 다쳐. Don't push your luck.

conversation

Dave got caught this time while cheating on the exam.
Dave가 시험에서 부정행위를 하다가 이번에 걸렸어.

What a fool! I told him not to push his luck.
비보네! 너무 운을 믿지 말라고 했는데.

watch one's mouth
입조심하다

watch는 눈 크게 뜨고 조심하는 모습을 나타내기도 해요.

조심하라고 할 때 Watch out!이라고 하거든요.

머리를 부딪치기 쉬운 곳에 Watch Your Head라는 문구 본 적 있죠?

말 그대로 입을 조심하는 것이니 우리말과 같아요.

야, 입조심해. Hey, watch your mouth.

conversation

When you talk to them, don't use any bad words.
No f-bombs! Do you know what I'm saying?

그들과 얘기할 때는 욕하지 마. f 들어간 욕 금지! 무슨 말이지 알지?

Okay. I'll watch my mouth.

그래. 입조심할게.

get away with

(벌을 받지 않고) 빠져나가다

경찰 부르겠어!
You'll never get
away with this!

get away는 멀리 도망가는 것이니 처벌을 모면한다는 의미가 돼요.

나쁜 짓을 하고도 벌을 받지 않고 빠져나가는 거예요.

너 이번에는 그냥 빠져나갈 수 없을 거야. You can't get away with it this time.

그는 범죄를 저질렀지만 몇 번 처벌을 면했어.

He committed crimes, but he got away with them a few times.

conversation

Everyone knows Steve stole the car,
but he is going to get away with it.
Steve가 차를 훔쳤다는 건 다 알지만, 처벌은 안 받고 빠져나가겠지.

It's just because his father is a judge. It's not fair!
그 애 아버지가 판사니까. 참 불공평하군!

go through the motions

대충 시늉만 하다

동작, 움직임을 모션(motion)이라고 해요.

우리도 흔히 하는 말 중에 '모션만 취한다'고 하는 것처럼

하는 척만 하는 모습이에요. 비슷한 말로 fake it이 있어요.

이룰 때까지 그런 척 해. Fake it till you make it.

그냥 대충 시늉만 하자. Let's just go through the motions.

**If you really want to lose weight,
stop going through the motions and get serious!**
정말 살 빼고 싶으면 시늉은 그만두고 진지하게 해봐!

But my knees hurt!
하지만 무릎이 아픈걸!

What goes around comes around. 남한테 한 만큼 받는다.

goes around는 돌아다니는 것, comes around는 다시 오는 것이에요.
자기가 한 짓이 돌고 돌아 부메랑이 되어 온다는 표현이에요.
즉, 남한테 한 만큼 되돌려 받는다는 거예요.
(나쁜 짓을 일삼는 사람에게) 한 만큼 돌려받는 법이야.
What goes around comes around.

conversation

When I asked him to help me with money, he turned it down.
He desperately needs my help now.
내가 돈 문제로 도움을 요청했을 때 그는 거절했지. 지금 그는 내 도움이 절실해.

What goes around comes around.
내가 한 만큼 돌려받는 법이지.

Easy come, easy go.

쉽게 들어온 것은 쉽게 나간다.

말 그대로죠?

예전에는 Lightly come, lightly go,

Quickly come, quickly go.라고도 했다는데,

요즘에는 Easy come, easy go.라고 해요.

일상적으로는 많이 쓰이지만, 격식을 차린 표현은 아니에요.

Mark is broke? Didn't he win the lottery last year?

Mark가 빈털터리라니? 작년에 복권 당첨되지 않았어?

Easy come, easy go.
That's how it is for people who become filthy rich overnight.

쉽게 들어온 것은 쉽게 나가. 하루아침에 벼락부자가 된 사람들에게 하는 말이지.

easier said than done

말이 행동보다 쉽다.

> 그냥 우리 요가 선생님들을 따라 하면 돼요. 참 쉽죠?

> That's easier said than done.

앞에 It's가 생략된 거예요.

행해지는 것(done)보다 말해지는 것(said)이 더 쉽다는 것이니,

말은 쉽지만 실제 행하기는 어렵다는 뜻이 돼요.

괜찮은 직장을 구하는 게 말이 쉽지 어려운 일이야.

Finding a decent job is easier said than done.

conversation

I think you can easily lose 3kg in a month.
내 생각에 넌 한 달에 3킬로그램은 쉽게 뺄 수 있을 거 같아.

3kg? That's easier said that done.
3킬로그램? 그게 말이 쉽지.

There is no such thing as a free lunch. 세상에 공짜는 없다.

줄여서 There's no free lunch.라고 말해도 돼요.
19세기 미국의 술집에서는 손님에게 무료 점심(free lunch)을 줬다고 해요.
그런데 다 주는 게 아니라 술을 사는 사람에게만요!
그러니 정말로 공짜는 아닌 것이죠.
Everything costs something.과 같은 말이에요.

conversation

Look at this! I can get a newest cell phone for free!
이거 봐! 최신 휴대폰을 공짜로 받을 수 있어!

Don't be so gullible. There's no such thing as a free lunch.
그렇게 쉽게 속아 넘어가지 마. 세상에 공짜는 없어.

Beauty is in the eye
of the beholder. 제 눈에 안경이다.

> 흄휙헐퓬쏜
> 멜립롬닥닢

beholder는 보는 사람을 뜻해요.

아름다움이란 보는 사람의 눈에 들어 있다는 것은

보잘것없는 물건이라도 보는 사람의 제 마음에 들면 좋게 보인다는 말입니다.

고유의 아름다움은 그것은 알아보는 사람의 눈에 달린 것이죠!

conversation

I don't understand why guys find Susie so attractive.
왜 남자들이 Susie가 매력 있다고 생각하는지 모르겠어.

Tell me about it. Well, beauty is in the eye of the beholder.
그러게 말이야. 뭐, 제 눈에 안경이지.

hedge one's bets

위험을 분산시키다

hedge는 나무 울타리를 뜻해요. 한데 금융에서는
금전적 손실을 막기 위한 대비책, 양쪽에 걸어서 손해를 막는 것을 뜻해요.
bet은 내기 또는 그 돈. 그러니 투자를 양쪽에 한다는 의미가 돼요.
비슷한 속담이 있죠? 한 바구니에 모든 알을 담지 마라.
Don't put all your eggs in one basket.

Why did you make two presentations?
왜 발표할 것을 두 개 만들었어?

I did it to hedge my bets
just in case the boss doesn't like the first one.
상사가 첫 번째 것을 맘에 들어 하지 않을 경우를 대비한 거야.

keep one's guard up

경계태세를 유지하다

가드(guard)를 올린다는 말은 경계를 늦추지 않고 조심한다는 뜻이에요.
권투에서 상대편의 주먹을 막기 위해 가드를 올린다고 하거든요.
반대로, 경계를 늦춘다고 할 때에는 up 대신 down을 쓰면 돼요.
긴장 늦추지 말고 경계태세를 갖춰라. Keep your guard up.

conversation

I have a job interview tomorrow morning.
나 내일 면접이 있어.

Good luck! You know you should keep your guard up
even when things start feeling good.
행운을 빈다! 상황이 좋아지는 것 같을 때 더 조심해야 하는 것 알지?

from rags to riches

빈털터리에서 벼락부자로

누더기(rag)에서 부자(rich)가 되는 것은 돈 한 푼 없다가 벼락부자가 되거나
자수성가한, 즉 개천에서 용 난 경우를 나타내요.
rags-to-riches처럼 한 단어로 쓰기도 해요.
동사 go와 자주 어울려 쓰여요.
그는 자수성가했어. He went from rags to riches.

He was born into a poor family,
but is now a successful businessman who owns several hotels.
그는 가난한 집안에서 태어났지만 지금은 호텔을 몇 개 가진 성공한 사업가야.

Wow! He really went from rags to riches.
와! 정말로 무일푼에서 벼락부자가 됐네.

larger than life

과장된

디즈니에 나오는
인어공주는 잊어요.
She's larger than life.

현실(life)보다 더 크다는 것은 실제와 동떨어진 것을 가리켜요.
화려하고 터무니없는 것에 쓰는 말이에요.
영국의 총리 윈스턴 처칠은 미디어에서 larger than life로 묘사됐다고 해요.
팬들한테는 연예인들이 실제보다 더 화려해 보이지.

Celebrities always seem larger than life to their fans.

conversation

Wow! Is that real? That rabbit is huge!
와! 저거 진짜야? 저 토끼 거대하다!

Yes, it's real. He's a larger than life rabbit named Atlas
and he needs a new home.
응, 진짜 토끼야. Atlas라고 실제보다 큰 토끼고 새 집이 필요해.

get ~ out of one's system

(걱정을) 떨쳐버리다

여기서 system은 사람의 신체를 의미해요.

오랫동안 하고 싶었던 것을 결국에 함으로써 더 이상은 생각하지 않도록,

더 이상은 원하지 않도록 머릿속에서 제거하는 것이지요.

번지점프를 하는 게 소원인 친구에게 이렇게 말할 수 있어요.

그냥 하고, 그 생각은 떨쳐버려. Just do it and get it out of your system.

conversation

When he dumped me,
I had a good cry and got it out of my system.
그가 나를 찼을 때, 난 실컷 울고 털어버렸어.

Good for you!
잘했어!

keep a straight face

웃지 않다

straight face라고 하면 웃음을 참으며 감정을 드러내지 않는 진지한 얼굴을 뜻해요.
포커 게임에서 감정이 없는 얼굴을 poker face라고 하는데,
이것과는 약간 달라요.
straight face는 너무 기뻐도 웃음을 참고 억지로 심각한 표정을 짓는 거예요.
표정 관리하세요. Try to keep a straight face.

conversation

It's so hard to keep a straight face in a meeting
when John is around.
회의 때 John이 있으면 진지한 표정을 짓기가 힘들어.

Yeah, he's so funny.
응, 그 사람 너무 웃겨.

ace a test

시험에서 대박 나다

팀의 에이스라고 하면 그 사람은 전문가, 1인자라는 뜻이에요.

동사로 ace는 시험에서 A를 받는 것을 의미합니다.

시험을 보고 나온 친구에게 이렇게 물어볼 수 있어요.

너 시험 잘 봤니? Did you ace the test?

너 면접 잘 봤어? Did you ace the job interview?

Mom, I aced my math test!
엄마, 저 수학시험 대박 잘 봤어요!

That's great! I'm so proud of you!
잘 됐다! 네가 자랑스럽구나!

8. 말 그대로 이해하는 이디엄

kick back and relax

느긋하게 쉬다

다리를 어딘가 올려놓고
몸을 뒤로 젖혀서 편안한 자세로 쉬는 모습이에요.
그냥 kick back이라고만 말하기도 하지만,
주로 뒤에 and relax를 붙여요.
편하게 쉬자. Let's kick back and relax.

What should I do now?
이제 뭘 해야 하지?

You've been working hard. Just kick back and relax.
Watch TV or something.
너 열심히 일했잖아. 그냥 TV 보거나 다른 일 하면서 느긋하게 쉬어.

lay a guilt trip on

~에게 죄책감을 갖게 하다

죄책감을 뜻하는 guilt가 trip과 만나면 죄의식에 사로잡힌 상태를 말해요.
'~에게 죄책감을 놓다'이니 죄책감을 갖게 하는 거예요.
lay 대신 put, give, send를 써도 된답니다.
너는 그저 나한테 죄책감을 주려는 거군.
You're just laying a guilt trip on me.

conversation

Oh, I got it! That's why she gave me the silent treatment
this morning. I forgot her birthday!
아, 알았다! 그래서 아침에 나한테 말 한마디 안 했구나. 나 그녀의 생일을 잊어버렸어!

Oh, no! She'll never stop laying a guilt trip on you because of that.
이런! 그것 때문에 너한테 계속 죄책감을 갖게 할 거야.

8. 말 그대로 이해하는 이디엄

cramp one's style

~가 원하는 것을 못하게 막다

cramp는 근육에 생기는 경련을 뜻해요.

다리에 쥐가 났어. I have a cramp in my leg.

cramp는 동사로 '~를 막다'라는 뜻도 됩니다.

누군가의 스타일을 막는 것이니까 그 사람이 하고 싶은 대로 하지 못하게 하는 거예요.

네가 하고 싶은 걸 못하게 막지는 않을게. I won't cramp your style.

conversation

Are you sure you don't mind me coming along with you
on the trip? I don't want to cramp your style.

내가 여행 따라가는 것 정말 괜찮겠어? 네 활동을 구속하고 싶지 않아.

Don't be silly. I really want you to come along with me.

어리석은 말 하지 마. 정말로 네가 나하고 같이 가기를 원해.

make a scene

야단법석을 떨다

장면(scene)을 만드는 것은 사람들에게 볼거리를 주는 것이죠.

즉 야단법석을 떨어서 이목을 집중시키는 것입니다.

야단법석 좀 떨지 마. Don't make a scene.

뒤에 out of nothing을 붙이면, 아무것도 아닌 일로 야단법석 떨지 마.

Don't make a scene out of nothing.

Oh, my! There's a fly in my soup!
세상에! 내 수프에 파리가 있어!

Calm down. You don't have to make a scene.
I'll call the waiter.
침착해. 법석 떨 것 없어. 내가 웨이터를 부를게.

8. 말 그대로 이해하는 이디엄

make fun of

~를 놀리다

fun은 재미를 뜻하는데, 재미를 만든다는 것은
사람을 놀림거리로 만든다는 의미로, tease 라고도 해요.
나 좀 놀리지 마. Stop teasing me. 또는 Stop making fun of me.
조롱한다는 의미로 make sport of 이라는 표현도 있습니다.

conversation

Stop making fun of your brother.
네 동생 그만 놀려.

He started it. He made fun of me first.
쟤가 시작했어요. 먼저 저를 놀렸다고요.

make a big deal out of

~으로 큰 소동을 벌이다

big deal은 큰일을 의미해요.

It's no big deal.이라고 하면 '별거 아냐.'라는 뜻이거든요.

그래서 별일 아닌 걸로 쓸데없이 소란을 피울 때 이렇게 말해요.

별거 아닌 일로 소란 피우지 마. Don't make a big deal out of nothing.

Come on! I stepped on your foot by mistake. Don't make a big deal out of it. 제발! 실수로 네 발 좀 밟았다. 별것 아닌 일로 공연히 소란 피우지 마.

Oh, yeah? Next time I'm going to step on your foot wearing high heels. It hurts! 아, 그래? 다음번에는 내가 하이힐 신고 네 발 좀 밟을 게. 아프단 말이야!

make oneself at home

편하게 지내다

There is no better place than home. 집보다 편한 곳은 없죠?

at home은 comfortable(편안한)을 뜻해요.

집에 손님이 왔을 때 편히 지내라는 말을 이렇게 해요.

Make yourself at home.

내 집처럼 마음 놓고(be at ease) 있으라는 거죠.

Thanks for letting me crash at your place.
너희 집에서 묵을 수 있게 해줘서 고마워.

You're welcome.
Just make yourself at home while you're here.
천만에. 여기 있는 동안 내 집처럼 편하게 지내.

take sides with

~의 편을 들다

편(side)을 먹으려면 두 사람 이상이 있어야 하니까 복수로 sides를 써요.
shake hands with(~와 악수하다),
exchange seats with(~와 자리를 바꾸다)의 hands와 seats처럼이요.
내가 네 편을 들어줄게. I'll take sides with you.

Tom, whose side are you, mine or Erin's?
Tom, 너는 나하고 Erin 중에 누구 편이니?

Don't get me involved in it.
I don't want to take sides with either of you.
나 관련시키지 마. 난 어느 누구의 편도 들고 싶지 않아.

8. 말 그대로 이해하는 이디엄

back out
(하기로 한 일에서) 빠지다

She backed out of the wedding.

뒤로 물러나서 없어진다는 말이니, 원래 하기로 한 일에서 빠진다는 의미가 돼요.

참고로 back off는 '뒤로 물러서다, 그만 두다'라는 의미예요.

(위험한 상황에서) 물러 서! Back off!

나는 겁이 나서 마지막 순간에 뒤로 빠졌어.

I was scared, so I backed out at the last moment.

conversation

Are you sure you want to sign up for the 10km run with us?
너 우리랑 같이 10킬로미터 달리기 신청하는 게 확실해?

Yes, for sure. I won't back out this time.
응, 확실해. 이번에는 빠지지 않을 거야.

in hindsight

지나고 나서 보면

hind는 뒤를 뜻해요. 그래서 동물의 뒷다리를 hind leg라고 해요.

sight는 보는 것, 시력을 뜻하죠.

그러니 hindsight는 어떤 일이 이미 벌어진 다음에 들여다본다는 의미가 됩니다.

반대로, 앞을 뜻하는 fore와 sight가 만난 foresight라는 단어는

선견지명, 예지력을 뜻해요.

conversation

Housing prices went down right after we bought the house.
우리가 집을 사고 난 후 바로 집값이 하락했어.

In hindsight, we were in a rush.
Oh, well... hindsight is always 20/20.
지나고 보니 우리가 성급했어. 뭐, 지나고 나서 보면 다 그렇지.

8. 말 그대로 이해하는 이디엄

340

the other way around

반대로, 거꾸로

> Shouldn't it be the other way around?

> 이제 은퇴했으니 내가 끌어주려고.

돌아서서 다른 쪽이니까 그 반대라는 뜻이 돼요.

이 표현 못지 않게 많이 쓰는 vice versa라는 말도 알아두세요.

그녀는 나를 싫어해. 나도 그녀를 싫어하고. She hates me and vice versa.

내가 그녀를 더 사랑해. 그 반대가 아니라. I love her more, not the other way around.

conversation

I know you had a crush on me when we were in high school.
고등학교 다닐 때 네가 나한테 반했던 것 알아.

What are you talking about? It was the other way around!
무슨 소리야? 그 반대였지!

8. 말 그대로 이해하는 이디엄

TOTAL INDEX

하루 하나
그림 이디엄 ❷

초판 1쇄 발행 2020년 9월 10일

글/그림 김수진
기획 및 편집 오혜순
디자인 및 조판 박윤정·오혜순
영업마케팅 정병건

펴낸곳 ㈜글로벌21
출판등록 2019년 1월 3일
주소 서울시 종로구 삼일대로 15길 19
전화 02)6365-5169   팩스 02)6365-5179   www.global21.co.kr

ISBN 979-11-91062-02-1 14740
     979-11-91062-00-7 (세트)